이순신눈물

出死力善行 則猶必爲也

이순태

목 차

피눈물로 쓴 편지 / 3

끝없는 신음소리 / 9

배이산 피눈물 / 29

신인의 눈물 / 45

피눈물도 감사 / 73

피눈물로 쓴 편지

하늘이 어찌 이다지도 어질지 못하는가?
간담이 타고 찢어지는 것 같다.
내가 죽고 네가 사는 것이 이치에 마땅한데,
네가 죽고 내가 살았으니
어쩌다 이처럼 이치에 어긋났는가?
천지가 깜깜하고 해조차도 빛이 변했구나.
슬프다, 내 아들아!
나를 버리고 어디로 갔느냐!
- 난중일기, 1597년 10월 14일

5월 10일 심야 02시입니다.
저는 지금 아들의 죽음으로 슬퍼하셨던 장군님만 생각합니다.
방금 너무 피곤해서 저도 모르게 잠시 잠에 빠졌습니다.
의자에 앉은 그대로 잠에 빠진 경우는 올해 처음입니다.
그런데 잠시 꿈을 꾸었습니다.
신흥동산 열선루에서 장군께서 편지를 쓰고 계셨습니다.
그런데 먹물이 아니라 피눈물이었습니다.

장군께서 피눈물로 편지를 쓰고 계심을 보고 질문했습니다.

"장군님, 어이해 피눈물로 쓰십니까? 그리고 이 피눈물은 누구의 것입니까?"

그러자 장군님께서 말씀하셨습니다.

"너의 피눈물이다. 너의 간절함이 상달되도록 하고 싶어서 신인에게 이렇게 너의 피눈물로 편지를 쓰고 있다."

저는 아무 말도 하지 못한 채 멍하니 있었습니다. 그러자 장군께서 말씀하셨습니다.

"네가 흘리고 있는 마음눈물이 피눈물임이니까. 마음=생명=피. 이 등식을 잘 알고 있지? 너는 이제는 눈물조차도 흘릴 수 없다는 점 때문에 복을 받지 못하고 살고 있다고 생각하지 마라."

저는 아무 말도 하지 않고 잠잠히 있었습니다.

"너는 제일 큰 복을 받은 자들 속에 속한다. 왜냐하면, 이제 너는 내 마음을 거의 다 이해할 수 있는 때가 되었기 때문이다."

저는 그제야 질문했습니다.

"제가 장군님의 마음을 거의 다 이해할 수 있는 때가 되었다니 무슨 말씀입니까?"

"너는 내가 선조 임금에게 장계를 썼던 그때 내가 그것을 나의 피눈물로 썼다는 것을 이해할 수 있는 때가 되었기 때문이다."

"무슨 말씀인지 설명해 주시길 바랍니다."

"사실 왕께 드렸던 편지에 있는 이 문장은 오직 피눈물로만 쓸 수 있는 거다."

이렇게 말씀하신 장군님께서 보여주신 문장은 바로 이것입니다.

出死力拒戰 則猶可爲也
출사력거전 즉유가위야
<u>죽을 힘을 내어 맞아 싸우면 이길 수 있습니다</u>

"너는 내 마음을 거의 다 읽고 있으니 정말 큰 복을 받은 자다."

"무슨 말씀이신지요?"

"너는 이미 이렇게 이해하고 있지. 그러니까 너는 내 마음을 거의 다 이해하고 있는 거다. 그러므로 너는 정말 큰 복을 받은 자다. 사실 누군가의 마음을 이해하는 것과 받은 복의 크기는 비례한다."

그때 만약 한 척 전선조차 없었다고 해도
장군께서는 이렇게 외치셨을 겁니다.
지금 신에게는 한 척의 전선도 없을지라도
<u>죽을 힘을 내어 맞아 싸우면 이길 수 있습니다</u>
저는 이 10개 글자가 가장 중요하다고 생각합니다.
出死力拒戰 則猶可爲也
출사력거전 즉유가위야
이 10개 글은 필사즉생(必死則生)을 의미합니다.

"이렇게 이해하고 있는 네게 이제는 가장 중요한 내용을 알려주겠다. 이 내용을 <이순신눈물> 제일 처음에 기록해라. 많은 사람이 이 내용을 읽고 힘을 얻을 수 있도록."

이렇게 말씀하신 장군님께서는 제게 이렇게 설명해 주셨습니다.

위(爲)란 글자에 주목 해라.

내가 이 글자를 피눈물로 쓴 이유가 있다.

이 글자 대신 승(勝)자를 쓸 수도 있었다.

그러나 승자 대신 위(爲)자를 선택한 이유가 있다.

위(爲)자는 단순히 '이긴다'는 의미 그 이상이기 때문이다.

> 爲 할 위; 爪-총12획; [wéi,wei]
> 하다, 만들다, 베풀다, 간주하다, 인정하다, 되다, 성취하다, 이루다, 바뀌다, 다스리다, 정치를 하다, 병을 고치다, 해설하다, 배우다

지금 다가오는 적과 죽을 각오로 싸우면 그 싸움에서 승리하게 될 뿐만 아니라 그 이후에도 수많은 것을 성취할 수 있다는 의미다. 다시 강조한다. **지금 이길 수 없다고 생각되는 적과 죽을 각오로 싸우게 되면 승리할 뿐만 아니라, 그 후에 많은 것들이 반드시 이루어지게 되어 있다.** 이 원리를 절대로 잊지 마라.

내가 승(勝)자 대신 위(爲)자를 선택해서 피눈물로 썼던 이유를 네가 제일 처음 알게 된 것이니, 너는 정말 큰 복을 받은 자다. 이제부터 **出死力拒戰 則猶可爲也**의 의미를 알게 된 수많은 사람이 너를 매우 부러워할 것이다. 그들은 이런 깊은 의미를 알려준 너에게 고마워하며 후손들에게 이것의 중요성을 전해줄 것이다.

그러므로 눈물이 말라서 마음눈물만 흘리고 있음을 복 없는 사람처럼 생각해서는 안 된다. 마음이 생명이고 피가 생명이니 결국 마음눈물이 피눈물이기 때문이다. 사실 나도 너처럼 8월 14일 밤에 이 열선루에서 너무도 심하게 울고 난 다음 눈물이 말라버려 나중에 아들 면이 죽었다는 소식을 들었지만, 눈물은 흘러내리지

않고 마음눈물만 흘러 내렸다. 아무튼 전날 밤에 너무도 많이 울어서 눈물이 말라버렸기에 8월 15일의 편지를 마음의 눈물 즉 피눈물로 썼던 것이다. 그러나 나는 눈물이 말랐기 때문에 후손들이 가장 본받고 싶어 하는 두 사람 중 하나가 되었다. 내가 눈물이 말라서 피눈물로 편지를 썼기 때문에 오늘의 내가 있음을 명심해야 한다. 내가 이처럼 너를 위해서 너의 피눈물로 신인에게 편지를 쓸 수 있음도 과거 내 피눈물로 편지들을 쓸 수 있었기 때문이다. 사실 왕에게 쓴 편지는 먼저 신인에게 쓴 편지였음을 **천행(天幸)**을 받은 후에서야 알았다. 아무튼, **자신의 피눈물로 신인에게 편지를 쓸 수 있었던 자만 타인의 피눈물로도 신인에게 편지를 쓸 수 있단다.**

저는 아무 말도 할 수 없었습니다. 한참 동안 침묵이 계속되었습니다. 그러나 제가 그 침묵을 사라지게 했습니다.

"장군님, 지금 쓰신 편지 내용은 무엇입니까?"

"보고 싶으냐. 눈을 가까이 해서 보거라. 피눈물로 쓴 편지는 멀리서는 절대로 보이지 않는다."

저는 편지 가까이 눈을 대고 읽었습니다.

신인이시여!
여기 전선 한 척도
아니 어선 한 척도
사용할 수 있는 현금조차도
사업을 도와주는 한 사람도
없는 이순태를 도와주시옵소서.
그때 제게 주셨던 그 **천행(天幸)**을

지금 이순태에게도 주시옵소서.
맡기신 수많은 보물 보석들을
이제 가장 적절하게 사용하도록
최적으로 인도해 주시옵소서.

읽으면서 펑펑 울었습니다. 신기하게도 한 없이 눈물이 나왔습니다. 장군님께서는 저를 꼭 안아주시면서 조용히 말씀하셨습니다. "아무 걱정하지 마라. 죽을 각오로 최선을 다하라. 지금 정리하고 있는 <이순신눈물>을 다 정리하고 출판한 다음에는 신인께서 반드시 천행을 선물하실 것이다. 네가 염려하며 기도해 왔던 사람들도 신인이 꼭 지켜주실 것이다. 네가 필요한 모든 현금 그리고 네가 사랑하는 사람들에게 나눠 줄 현금도 반드시 주실 것이다. 네가 1980년 5월 분수대에서 기도했던 민주화도 그리고 평화통일도 때가 되면 반드시 다 이루어 질 것이다. 그러니 아무 염려하지 말고 네가 할 수 있는 일에 최선을 다하고 할 수 없는 것은 신인에게 맡겨라. 어서 속히 <이순신눈물>을 정리하여 출판하라."

밤 02시가 된 지금, 잠에서 깨어난 저는 꿈에서 명령하신 장군님 말씀대로 <이순신눈물>을 계속 성리하고 있습니다. 아들 면이 죽었다는 소식을 듣고 피눈물로 쓰신 장군님의 일기를 곱씹으며 한없이 마음눈물 즉 피눈물을 흘리면서.

천지가 깜깜하고 해조차도 빛이 변했구나.
슬프다, 내 아들아!
나를 버리고 어디로 갔느냐!

끝없는 신음소리

* 사람은 진주가 아니다

아픈 사람을 그냥 품어줘라.
아픈 사람을 향해 이렇게 말하지 마라.

진주에도 상처가 있다
진주에는 상처 입은 조개 안에서만 자란다
너의 고통스러운 환경에서 그렇게 아파하는 것은
네가 아름다운 진주처럼 되고 있기 때문이다

사람은 진주가 아니다.
사람은 상처로 자라지 않는다.
사람은 사랑받음으로만 자란다.

어떤 사람은 커다란 상처도
스스로 사랑하며 치유할 힘이 있지만
어떤 사람은 아주 작은 상처 때문에
평생 신음하며 고통 가운데 살기에
아무리 작은 상처를 당했다 해도
무조건 사랑으로 품어주어야만 한다.

모든 조개 진주는
상처받은 조개 안에서만 자라지만
모든 사랑하는 사람은
사랑받은 환경 안에서만 자라난다.

사랑하도록 자라야 할
모든 사람은 결코 진주가 아니다.

언제가 쓴 글을 보면서
꿈에서 장군께서 주셨던 말씀을 곱씹고 있습니다.
사실 저는 지난 3년 동안 좀처럼 꿈을 꾸지 않았습니다.
고향 집에서 살기 시작한 지난 3년 동안 기억나는 꿈은 몇 개 되지 않습니다. 지금 세어보니, 지난 3년 동안 기억나는 꿈은 3개뿐입니다. 그런데 요즈음에는 계속해서 꿈을 꾸고 있습니다. 그것도 이순신 장군님과 관련해서 꿈을 꿉니다. 어쩌면 <이순신보물>을 정리했기 때문인지도 모릅니다. 특별히 금강석을 가지고 사업을 계획하고 신인에게 인도해 달라고 기도하며 매 순간을 보내고 있기 때문인지 모릅니다. 아무튼, 조금 전 꿈에서 장군님께서 <이순신눈물>을 속히 출판하라고 명령하셔서 어떤 내용들을 정리할 것인지 기록해 둔 내용들을 살피고 있습니다.
지금 제가 깜짝 놀라고 있습니다. 제가 이렇게 놀란 이유는 제가 살피고 있는 여러 내용 중에 꿈과 관련된 내용이 너무도 많기 때문만은 아닙니다. 특별히 이순신 장군님과 만나서 나눈 대화가 매우 많기 때문만은 아닙니다. 제가 놀란 가장 큰 이유는 선명하게 기억하는 꿈은 언제나 현실과 연결되어 있었다는 점을 지금 완전히 이해했기 때문입니다. 사실 제가 1983년부터 40년 동안 꾸었던 꿈에서 본 장면도 현실과 연결되어 있습니다. 고향 집 샘에서 솟아난 물이 벌교 장양 항에까지 차고 그 물에 고기가 가득한 이유가 수많은 이순신 보물과 연결되어 있음을 알았습니다. 제가 지금까지 살면서 기억했던 모든 꿈의 장면은 현실이 되었고, 또 어떤 장면은 지금도 현실이 되고 있음을 알았습니다. 한 마디로 제가 꿈에서 보고 낮에도 생생하게 기억하는 장면은 반드시 현실과 연결됩니다.

저는 제가 생생하게 기억하는 꿈에 대해서는 가장 가까운 사람들에게는 대부분 말씀드리며 살아왔습니다. 제 어린 시절 제 꿈을 자주 들었던 형과 누나께서 3년 전에 저에게 이렇게 말씀했습니다. '막내는 이상한 꿈도 자주 꿨고 우리는 보지 못한 장면들도 보인다고 자주 말했지. 지나고 나니까 모든 것이 꿈대로 되었음을 알았지. 하여튼 막내는 이상해. 그런데 아직도 이해가 안 돼. 머리도 좋고 인덕도 많은데 아직도 현금은 없어서 하고픈 일들을 하지 못하고 친인척에게까지 무시당하고 있으니 말이지.'

최근에 돈이 신과 같다는 사실을 더욱 더 절감하고 있습니다. 고향 집에 돌아와 살기 시작할 때부터 저는 제자 목사님이 이렇게 말했던 것을 마음으로 완전히 인정하고 있습니다.

"사실 현금이 없으면 지인들뿐만 아니라 형제자매들에게도 무시당하고 심지어 부모님에게도 무시당하는 것이 현실입니다. 제 어머님이 이렇게 말씀하셨습니다. '돈이 없으면 부모도 무시한다. 네가 돈이 없으니까 아버지도 이렇게 너를 무시하고 있는 거야.' 저는 요즈음 돈 없는 목사로 아버지에게까지 무시를 당하면서 돈의 위력을 실감하고 있습니다."

제자 목사님 말을 완전히 이해하게 된 것은 고향 사람들조차도 제가 현금이 없다고 완전히 무시했기 때문입니다. 그래서 저는 제가 가지고 있는 보물들 중 몇 가지를 의도적으로 보여주기도 했습니다. 그러자 동네 동생이 이렇게 말했습니다. "알고 보니 형님이 우리가 알고 있는 사람들 중에서는 제일 부자네요." 물론 어떤 사람은 보물들을 보아도 그것들이 무엇인지조차 모르기에 여전히 저를 무시하고 있습니다. 돈이 신보다 위에 있음을 실감합니다.

아무튼, 다르게 말하면 제 꿈에 보인 것들은 신인의 뜻과 연결되어 있다고 생각하기에 바르게 해석하려고 기도하고 있습니다. 장군님께서 명량해전 전날 밤에 꿈에서 신인께서 주셨던 말씀을 바르게 해석하지 못했다면 명량해전의 승리는 없었을 것입니다. 그래서 저도 지금 꿈을 바르게 해석하려고 최선을 다해 살피고 있습니다. 바로 이 내용을 계속 곱씹으면서 말입니다.

이상한 꿈

"천지가 깜깜하고 해조차도 빛이 변했구나.
슬프다."

오늘은 2025년 4월 29일입니다.
아침부터 지금까지 귀가에 맴도는 소리입니다.

어제 2025년 4월 28일 밤에 이상한 꿈을 꾸었습니다.
생애 처음으로 꿈에서 장군님을 만났습니다.
장군님 만남을 기뻐해야하는데 전혀 그렇지 못합니다.

꿈에 저는 산을 오르고 있었습니다.
숨이 턱에 차오르는 그 순간 산 정상에 도달했는데
장군님께서는 산 정상에 앉아 남쪽을 바라보고 계셨습니다.
멀리서 보아도 장군님 모습을 알아 볼 수 있었습니다.
가까이 다가가서 보니 장군님의 눈에서 눈물이 흘러내리고 있었습니다. 한참동안 옆에 앉아 장군님 눈물만 바라보았습니다.

장군님의 눈물은 얼굴에서 가슴을 타고 흘러내려가더니
앉아 계신 땅속으로 스며들어갔습니다.
그리고 끝없이 흘러내린 눈물이 계곡물이 되었습니다.
그런데 흘러가던 물은 계곡 끝에서 사라져버렸습니다.
산 정상에 있던 저는 계곡 끝에서 땅 속으로 흘러가는 물이 우리 고향집으로 가고 있음을 훤히 보았습니다. 그 순간 헉헉대며 올랐던 산이 **배이산**임을 알았습니다. 그 순간 고향집 샘에서 솟아난 물이 무엇인지를 알았습니다. 그 순간에도 고향집 샘에서 솟아난 물은 장양 항구까지 차 있었습니다. 그때 **배이산**에서부터 장양 항구까지 가득 차 있는 물이 장군님의 눈물임을 알았습니다.
꿈에서 깨어난 제가 가장 먼저 생각했던 것은 장군님의 난중일기 속에 있던 장군님의 눈물이었습니다. 지금 제가 미국에서 썼던 글을 보며 눈물 흘리고 있습니다.

장군님의 피눈물

2024년 9월 8일 밤이다.

이순신 장군께서 아들 면과 관련해서 쓴 일기를 다시 보는데, 볼 때마다 가슴이 미어진다. 난중일기에서 가장 슬픈 문장을 보고 있는 지금도 가슴이 미어진다.

> 하늘이 어찌 이다지도 어질지 못하는가?
> 간담이 타고 찢어지는 것 같다.
> 내가 죽고 네가 사는 것이 이치에 마땅한데,
> 네가 죽고 내가 살았으니
> 어쩌다 이처럼 이치에 어긋났는가?
> 천지가 깜깜하고 해조차도 빛이 변했구나.
> 슬프다, 내 아들아!
> 나를 버리고 어디로 갔느냐!
> - 난중일기, 1597년 10월 14일

이순신 장군께서는 아들 면이 죽임을 당했다는 통보를 받은 다음 매우 애통해하셨다. 우리가 잘 알고 있는 것처럼 명량전투에서 대패한 왜군은 장군에게 어떤 모양이든 앙갚음하고 싶었다. 그래서 왜군은 이순신의 생가가 있는 아산을 습격했다. 이때 셋째 아들 이면은 왜군에 맞서 싸우다 전사했다. 영화 <노량해전>에서는 꿈에 장군께서 아들 면이 왜군에 쌓여 칼을 맞고 죽어가는 장면을 보는 것으로 그려준다. 장군께서는 아들 면의 죽음 때문에 말로 표현할 수 없을 정도로 고통스러웠다. 어쩌면 장군의 생애에서 가장 큰 슬픔이 사랑하는 아들 면의 죽음일 것이다. 40일 후의 일기 또한 나를 신음하게 만든다.

> 11월 23일 (경술) 바람이 세고 눈이 많이 왔다.[양력 12월 31일]
> 이날 승첩한 장계를 썼다.
> 저녁에 얼음이 얼었다고 했다.
> 아산의 집으로 편지를 쓰자니
> 죽은 아들 생각에
> 눈물이 흘러 거둘 수가 없었다.

장군께서 거둘 수 없는 눈물을 흘리고 계시는 장면을 상상하기만 해도 가슴이 미어진다. 그런데 나는 난중일기에 기록되어 있는 장군님의 눈물이 눈에서가 아니라 마음에서 흐르는 것임을 최근에야 알았다.

나는 장군님의 심정을 조금은 이해할 수 있다. 왜냐하면, 나도 사랑하는 이가 고통당하는 모습을 보고 있기 때문이다. 사랑하는 이가 고통당하는 모습을 보고 있으면 보는 이도 모르게 거둘 수 없는 눈물이 마음에서 계속 흘러내리기 때문이다. 나는 사랑하는 이가 신음하는 모습을 보면서, 또 그 모습을 볼 수도 없는 상황에서 살아내야만 했던 지난 10년 동안 무슨 일을 하든지 누구를 만나든지 마음에서는 끝없이 눈물이 흘렀다. 지금은 나도 장군의 심정이 무엇인지 어느 정도 이해하기 시작했기에 장군께서 일기에 표현했던 이 마음 또한 어느 정도 아픔인지 이해하고 있다.

천지가 깜깜하고 해조차도 빛이 변했구나.
슬프다, 내 아들아!
나를 버리고 어디로 갔느냐!

저는 위의 내용을 기록했던 작년보다 올해 마음이 더 힘듭니다. 누구에게도 말할 수 없는 그런 고통가운데 있는 사랑하는 이를 볼 수도 없는 환경이기 때문입니다. 이제는 신음하는 모습을 눈으로 보면서 제 가슴이 찢어지는 것이 차라리 낫다는 것을 알았습니다. 지금은 표현할 수 없는 고통가운데 있는 모습조차 볼 수 없는 처지입니다. 보고 싶어도 볼 수 없는 고통 때문에 피눈물을 흘리며 살아갑니다. 그래도 아직도 살아 있기에 신인에게 감사드리고 있습니다. 살아 있음이 희망이기 때문입니다.

그냥 미국으로 가서 눈으로 보면 되지, 왜 가지 않고 그렇게 가슴이 찢어지는 고통 가운데 살고 있느냐고 묻는 사람이 있을지 모릅니다. 사실 제가 힘들다 말을 하면, 마치 생각 없는 기계처럼, 반드시 위처럼 말하는 사람이 있습니다. 그 사람 말대로 제가 미국으로 쉽게 갈 수 있다면 얼마나 좋겠습니까?

사랑하는 이에게 피눈물로 편지라도 쓸 수 있음이 얼마나 큰 복인지 모릅니다. 편지조차도 쓸 수 없는 심정으로 살아가는 것이 무엇인지 아는 사람은 장군의 심정을 어느 정도 이해할 것입니다. 눈물이 앞을 가려서 글도 쓸 수 없었던 때가 있었습니까? 저는 마음에 눈물이 강처럼 흐르고 있는 이 순간에도 이렇게 글을 쓰고 있음을 기적이라고 생각합니다. 사실 지금 이렇게 글이라도 쓰지 않으면 죽을 것 같습니다. 사실 제가 지금 쓰고 있는 글은 신인에게 보내는 피눈물의 편지와 같습니다. 장군님께서 꿈에서 이렇게 말씀하셨음을 잊지 않고 제 피눈물로 끝없이 편지를 쓰고 있습니다.

"피눈물로 쓰는 편지는 반드시 신인의 마음을 움직이게 만든다. 피눈물로 쓰는 편지가 신음소리를 끝없이 내고 있기 때문이다."

사실 꿈에서 장군님 말씀을 듣기 이전에도 저는 고통가운데 신음하는 사람들에게 자주 이렇게 위로의 말을 하며 살아내었습니다.

**모든 신음을 신인께서는 다 들으십니다.
신음하면서도 끝까지 살아내야만 합니다.
살아있음이 아직도 희망이기 때문입니다.**

지금도 저는 열선루에서 장계를 쓰신 후에 달을 보시며 <한산도가>를 쓰셨던 장군님 심정을 조금은 이해할 것 같습니다. 사실 장군님께 들렸던 한 가락 피리소리는 백성들의 신음소리였던 것입니다. 한 가락 피리소리는 칠천량 전투에서 죽임 당했던 7천 명 이상의 조선의 아들들의 신음소리였던 것입니다. 한 가닥 피리소리는 슬퍼하며 울다 지친 어버이들의 신음소리였던 것입니다.

何處一聲羌笛更添愁(하처일성강적갱첨수)

이 구절을 이렇게 번역해 놓은 것을 인터넷에서 보았습니다.

- 어디서 한 가락 피리소리는 남의 애를 끊는 것인가

더 정확히 이해하고 싶어서 한자의 뜻을 찾아보았습니다.
更 - 고칠 경(다시 경) 고치다 다시 재차 고치다 새로워지다
添 - 더할 첨, 더하다 보태다
愁 - 시름 수, 시름 시름겹다 얼굴빛을 바꾸다

저는 "시름"이 정확히 무슨 의미인지 검색했습니다. AI가 이렇게 정리해 둔 것을 보았습니다.

"걱정과 근심으로 인해 힘이 없고 무기력한 상태"를 나타내는 표현입니다. "시름"은 마음속에 풀리지 않고 남아 있는 근심과 걱정을 의미하며, "시름에 잠기다", "시름을 덜다" 와 같이 사용됩니다.
더 자세한 설명:
시름(愁): 마음에 걸려 풀리지 않고 항상 남아 있는 근심과 걱정.
시름에 잠기다: 근심과 걱정에 휩싸여 있는 상태.

장군께서 명량전투가 있기 전 열선루에서 이틀 밤을 지내실 때 어떤 마음상태였는지를 <한산도가>를 보면서도 잘 알 수 있었습니다. 저는 한자의 정확한 뜻을 알고 난 다음, 명량전투가 있기 직전 열선루에서 장군께 발생했던 여러 기적들을 기록해 놓은 <소설 이순신보물>을 더욱 소중하게 생각하게 되었습니다.

장군님께서 가장 슬피 우셨던 때가 언제라고 생각하십니까? 저는 난중일기를 여러 번 읽으면서 일기의 20% 가까이 육체적으로 고통 가운데 신음함 사셨고 정신적으로는 언제나 피눈물을 흘리며 사셨기에 어느 시점을 말하는 것은 쉽지 않았습니다. 그런데 지난해 4월 28일에 소설을 기억하고 정확히 알았습니다. 장군께서 가장 슬

피 우셨던 때는 명량해전에서 승리하신 후에 열선루에 잠시 계셨던 때였습니다. 장군께서는 순천왜성을 공격하기 직전 낙안읍성으로 오시는 길에 열선루를 찾으셨습니다. 일기에서는 그때를 기록하지 않았지만, 소설 <이순신보물>에서는 자세히 기록해 두었습니다. 명량해전이 있기 전 절체절명의 순간에 잠들지 못하고 신음하며 <한산도가>를 썼던 추억의 장소가 된 열선루에 4명과 함께 오르신 장군께서는 서쪽 하늘을 멍하니 바라보며 신음하고만 계셨습니다. 그 순간에도 장군의 눈에서는 눈물조차도 흘러나오지 않았습니다. 그때까지 너무도 많이 우셨기 때문입니다. 그리고 열선루에서 장군의 마음에서만 눈물이 끝없이 흘러 내렸던 그때가 장군 일생에서 가장 많이 우셨던 때였습니다. **장군께서는 자신이 살아서 열선루에 다시 올 수 있음이 천행(天幸) 때문임을 알기에 감사했지만, 수많은 병사들이 죽고 아들도 죽고 조선 땅은 유린당해 너무도 슬퍼서 마음으로 우셨기에 입에서 신음소리만 끝없이 나왔습니다.**

저도 너무도 많이 울어서 눈물조차 나오지 않고 신음소리만 나옴이 무엇인지를 잘 알고 있습니다. 사실 저는 요즈음에는 눈물이 전혀 나오지 않습니다. 지금 신인의 가족으로 살아온 분이 말기 암으로 임종직전이란 소식을 듣고 가슴이 미어지지만 눈물은 나오지 않습니다. 지금까지 너무도 많이 울었기 때문입니다. 아무튼, 저도 열선루에서 장군님께서 신음하시면서도 눈에서는 눈물 한 방울조차 흘러나오지 않았던 이유를 지금은 어느 정도 알고 있습니다.

칠천량 전투에서 7천 명 이상 죽었다는 소식을 들으셨던 장군님은 명량전투 직전 열선루에 오시기 전에도 여러 차례 신음하며 통곡하셨습니다. 사실 왜란이 시작된 후부터 명량해전 직전까지 너무도 많이 우셨던 장군님은 명량해전이 있기 직전 열선루에서 가장 오랫동안 신음하시면서 통곡하셨습니다. 특별히 수군을 폐지해라는 왕의 명령을 전달받았던 그 순간부터는 눈물도 나오지 않고 신음소리만 나왔습니다. 그리고 마음눈물 즉 피눈물만 끝없이 흘러 나왔습니다. 그래서 꿈에서 장군께서는 왕에게 보냈던 편지를 자신의 피눈물로 쓴 편지라고 말씀하셨던 것입니다.

　장군님은 이미 너무도 많이 울었기에 눈물이 흐르지 않게 되었습니다. 그래서 사랑하는 아들 면이 죽은 소식을 들었던 때에도, 그 후에 열선루에 오르실 때에도, 장군님은 더 이상 눈물조차 나오지 않았습니다. 그 광경을 기록했던 소설 <이순신 보물>을 기억했던 지난해 4월 28일부터 저도 모르게 계속 신음소리가 나왔습니다. 2024년 4월 28일부터 지금까지 1년 동안 아들 면이 죽었다는 소식을 들으신 후 기록한 장군님의 일기와 소설 <이순신 보물> 일부분을 매일 생각했습니다. 소설에는 장군님은 아들이 죽임당한 후 밤마다 신음하셨다고 기록하였습니다.

　조선 구석구석
　신음소리 통곡소리 가득하고
　하늘도 신음하고 있구나.

　사랑하는 아들들이
　사랑하는 아버지들이
　사랑하는 남편들이

사랑하는 오라비들이
그렇게 비참히 사라졌다.

남은 사람들은 어떻게 살아야 할까.
아들을 가슴에 묻고 살아내야만 하는 나처럼
남은 사람들도 살아내야만 하리니.

하늘이여!
하늘이여!

제가 2025년 4월 23일 정오에 유 대표님 그리고 장 회장님과 함께 신흥동산 위에 재건된 열선루에 올라갔을 때도 장군님의 신음소리가 들린 것 같아서 저도 모르게 신음소리가 나왔습니다. 제가 신음하며 서쪽 하늘을 바라보고 있던 그때 장군님의 음성이 들린 것 같았습니다.

"이제 더 이상 신음하지 마라.
지금까지 신음으로도 충분하니."

열선루에서 장군님의 음성이 들리는 것 같았던 그 순간, 제 글이 생각났습니다. 제가 아주 오래 전에 유명한 시를 보면서 썼던 글인데, 정확히 언제 썼는지는 모릅니다. 사실 이 글을 기억한 것도 2025년 4월 23일 열선루에서 처음이기 때문입니다.

어떤 침묵

시의 제목을 보는 순간

꿈꾸던 어린 내게
하늘 관측소에서 평생 혼자 살아왔던
흑인 천문학자가 해 준 이야기가 생각났다.

그가 자라났던 빈민가 사람들은 누구나
달과 달맞이꽃의 속삭임을 들었기에
그가 어느 날 밤 대도시에 와서는
대기업의 백인 사장들과 이야기를 나누던 중
자연스럽게 정말 아주 자연스럽게 말했다.

"아!
여러분은 참으로 행복하겠습니다.
지금 여기에서 이렇게
사랑하는 사람들과 함께
저 달을 바라보면서
달님과 달맞이꽃의 속삭임 소리를 들을 수 있으니까요."

그러자 백인 사장들은
그 속삭임 소리를 한 번도 들어본 적 없었기에
미소를 지으며 그의 얼굴을 쳐다보며
그가 자신들을 절대로 속일 사람은 아니기에
분위기를 재밌게 만들려고 농담한다 생각하고는
자신들 또한 분위기를 재밌게 만들기 위해서
계속 웃는 얼굴을 하면서 한목소리로 말했다.
 "우리는 달과 달맞이꽃의 속삭임 소리를 한 번도 들어보지 못했어요."

흑인 천문학자는
대도시에서는 달빛이 너무 희미해서 그런가 생각하고

백인 사장들을 산 정상에 있는 하늘 관측소로 안내해서
달님과 달맞이꽃이 속삭이는 소리를 듣도록 했다.

백인 사장들이 관측소에서 한참 동안 귀를 기울이자
흑인 천문학자가 속삭이듯 천천히 물었다.
"이제는 달님과 달맞이꽃의 속삭임 소리가 들립니까?"
그들은 여전히 웃는 얼굴로 조용히 대답했다.
"아무리 애써도 들리지 않습니다."

흑인 천문학자는
자신에게는 그렇게 잘 들리는
달님과 달맞이꽃의 속삭임 소리가
백인 사장들에게는 들리지 않는다는 것이
너무 아쉬워 조심스럽게 말했다.
"너무 아쉽습니다.
아름다운 속삭임 소리를 듣지 못하다니요."
"아닙니다. 그까짓 것, 괜찮습니다.
혹시 진짜 소리가 들릴까 단지 호기심으로 왔을 뿐입니다."
백인 사장들은 아무것도 아닌 것처럼 여전히 미소 띠며 대답했다.
잠시 침묵이 흘렀다.

침묵을 깨고 흑인 천문학자가 백인 사장들에게 물었다.
"그렇다면 사장님들은 사람의 탄식 소리는 잘 듣습니까?"
백인 사장들은 여전히 웃으며 대답했다.
"아니요. 단 한 번도 사람의 탄식 소리를 들어본 적 없습니다."
그러자 흑인 천문학자가 말했다.
"참으로 아쉽습니다. 정말 진짜 아쉽습니다."

백인 사장들은 흑인 천문학자의 말을 이해할 수 없어
처음으로 웃는 얼굴이 아닌 진지한 얼굴로 말했다.
"우리가 사람의 탄식 소리를 듣지 못한 것을
왜 그렇게 아쉽게 생각하십니까.
우리가 태어나기 전부터 그랬고
우리가 성장한 후 지금까지도 그랬고
아무것도 부족함이 없는 환경에서
웃음 가운데서 태어나고 성장할
우리의 후손들도 우리처럼 그럴 겁니다.
우리 같은 부자들은
속삭임 소리나 탄식 소리를 듣지 못해도
차 소리, 공장 돌아가는 소리, 술집에서 떠드는 소리
무엇보다 돈 쌓이는 신나는 소리 때문에
얼마나 즐겁게 웃고 살고 있는지 모릅니다."

흑인 천문학자는
백인 사장들의 당당한 소리에
무슨 말을 해야 할지 몰랐고
무엇으로도 표현할 수 없는 슬픔이
가슴속 깊은 곳에서 계속 흘러
침묵은 헤어질 때까지 계속되었다.

지난 며칠 동안 장군님께서는 제 꿈에 자주 나타나셨습니다. 꿈에서 장군님께서 주셨던 많은 말씀 중에서 저를 가장 오랫동안 울렸던 말씀이 지금 생각납니다.
"나는 네가 1980년 친구의 집에 숨어서 썼던 글들을 보면서 신음했다. 그때 썼던 수많은 글 중에서도 가장 기억나는 글이 있다.

바로 이거다."

시인의 약속

시인은 약속했다.
살아 있는 동안에
죽어가는 그 순간까지도
자신의 피눈물로만 시를 쓰기로

"너는 지금도 이 약속을 지키지 못하고 살아내고 있다고 신음하고 있지만, 나는 네가 이 약속대로 살고 있다고 생각한다. 그리고 내가 너에게 더 이상 신음하지 말라고 말하지만, 어쩌면 내가 잘못 말하고 있는지도 모른다. 왜냐하면, 사실 누군가 고통당하는 모습을 보면서 또 누군가 아파하는 소식을 들으면서 내는 신음소리는 신인의 마음을 반영하고 있기 때문이다. 어쩌면 사랑하기 때문에 내는 신음소리는 신인의 사랑 고백일지도 모르기 때문이다."
꿈에서 들었던 장군님 말씀을 가슴에 새기게 되었습니다.
사랑하기 때문에 내는 신음소리는 신인의 사랑 고백이다.

꿈에서 들었던 장군님 말씀을 곱씹으면서도 사랑하는 이가 고통가운데 신음하고 있을 것을 생각하니 저도 모르게 신음소리가 나옵니다. 신음하고 있는 사랑하는 이의 옆에 있을 수만 있어도 참으로 큰 복입니다. 제가 신음소리를 내는 지금도 떠오르는 글이 있습니다. 시인들처럼 글을 쓰는 것이 얼마나 큰 잘못인지를 말하고 싶었습니다.

하얀 거짓말

신은 인간에게
크기가 똑같은 인격이라는 그릇을
하나씩 가슴에 품고 태어나게 하셨지.
신은 그 그릇에
기쁨보다는 슬픔을
행복보다는 불행을
웃음보다는 비극을
담으라고 말씀하셨지.

그러므로 인격이란 결국
참고 견디기 어려운 눈물을
평생 동안 담으라고 준 그 그릇이지.
네가 눈물을 많이 흐르고
그것을 가슴에 담는 것은
네 인격이 크다는 의미지.

시인은 그때 거짓말을 했습니다.
그녀가 끝없이 눈물을 흘릴 때
그녀의 눈물을 닦아줄 수 없어

지금은 제 자신에게 이렇게 말하며 살아내고 있습니다.
"눈물을 닦아줄 수 없어도 제발 거짓말은 하지 마.
그냥 옆에서 함께 신음하고 있기만 해도 되니까.
그 신음소리를 신인께서 항상 듣고 계심을 알잖아."

배이산 피눈물

  제가 <이순신눈물>로 글을 정리하는 여러 이유 중 가장 큰 이유는 바로 **배이산** 때문입니다. 장군님의 눈물과 배이산 눈물이 하나가 되어버린 이유를 설명하기 위해서 이렇게 열심히 <이순신눈물>로 정리하고 있습니다. 지금도 이렇게 열심히 글을 정리하는 이유는 1908년 이후 지금까지 **배이산**이 울고 있고 있다는 점을 사랑하는 분들에게 알려서 배이산의 울음을 멈추도록 돕고 싶기 때문입니다.

  지금 이 순간에도 어제 밤 꿈에 장군님께 조심스럽게 질문했을 때를 계속 곱씹고 있습니다.

  "왜 그렇게 우시는지요?"

  장군님은 대답하셨습니다.

  "**배이산**이 남북으로 갈라져서 울고 있다. 저 평야도 갈라져서 울고 있다. 저기 보이는 옥산조차 신음하는 소리가 들려서 울고 있다. 우리 한민족이 갈기갈기 갈라져서 울고 있다.

  가장 가슴 저리는 것은 **배이산** 때문이다. 자신의 이름조차 잊혀지고 1908년 남북으로 갈라진 **배이산**이 지금도 신음하며 우는 소리가 들리기에 내가 이렇게 울고 있다. **배이산**이 우는 모습을 본 옥산도 저렇게 울고 있기에 나도 이렇게 울고 있다."

잊혀진 이름인 배이산이 어디에 있는지 또 그 산의 의미가 무엇인지 아는 사람은 많지 않습니다. 그러나 제가 어렸을 때는 **배이산**이 어디 있으며 그 산의 의미가 무엇인지 많은 사람이 알고 있었습니다. 그런데 언제부터인가 **배이산**을 백이산(伯夷山)이라고만 불렀고 인터넷에서도 백이산(伯夷山)으로 소개되어 있기에 저도 이전 책에서는 백이산이라고 썼습니다. 백이산이라고 이해하고 있어서 그 산 원래의 이름이 **배이산**임을 아는 사람은 소수이고, 그 산의 의미를 알고 그 의미가 품고 있는 구체적인 내용을 아는 사람은 거의 없습니다. 인터넷에 소개된 백이산(伯夷山)을 보면 이렇습니다.

[정의] 전라남도 순천시 낙안면 외서면과 전라남도 보성군 벌교읍에 걸쳐 있는 산.

[명칭 유래] 낙안산성 일대의 지형을 바다의 형국으로 보고 이 산

봉우리에 배를 맨 자국이 있어 배이산이라 불렀다는 설이 있다. 또한, 옛날 중국 은(殷)나라 백이(伯夷)와 숙제(叔齊)가 주(周)나라의 녹을 받은 것을 부끄럽게 여기고 수양산에 들어가 고사리만 뜯어 먹다 죽었다는 고사성어에서 비롯되었다는 이야기도 전한다.

[자연환경] 백이산(伯夷山)[582m]은 보성 존제산[691m]-백이산-고동산[709m]-조계산[884m]으로 이어지는 호남정맥에 있는 산이다. 호남정맥은 전라남도 보성군을 지나 전라남도 순천시에 들어서면 북쪽으로 방향을 틀어 직선상으로 쭉 뻗어간다. 백이산은 전라남도 보성군과 전라남도 순천시가 맞닿는 지점이며 산줄기의 방향이 바뀌는 변곡점에 해당한다. 물줄기는 백이산 정상에서 세 갈래로 나뉘어 벌교천·외서천을 이룬다.

억새로 덮인 백이산 정상은 훤히 트여있어 지리산·무등산·팔영산과 남해의 다도해를 조망할 수 있다. 백이산 일대는 선캄브리아기의 반상변정 화강암질 편마암을 기반암으로 하며 기반암의 풍화성향이 반영된 흙산이다. 산세는 부드러우면서도 포근함을 간직하고 있다. 북서사면을 흐르는 물줄기는 섬진강 제1지류하천인 보성강으로, 남동쪽 사면을 흐르는 물줄기는 벌교만으로 흘러든다.

[현황] 백이산은 산세가 그리 높지 않으면서도 주위를 훤히 조망할 수 있다. 백이산 정상에 도달하면 남쪽으로 제석산과 벌교 들판 그리고 고흥 팔영산까지 내다볼 수 있다. 북동쪽에는 전라남도 순천시 낙안면 하송리에서 외서면 신덕리로 넘어가는 빈계재가 있고, 서쪽에는 전라남도 보성군 벌교읍 추동리에서 순천시 외서면 장산리로 넘어가는 석거리재가 있다. 순천시 낙안면과 보성군 벌교읍에서

순천시 외서면 쪽으로 두 고개를 넘을 때는 몹시 가파르다가 막상 고개를 넘어 외서면에 들어서면 완만한 경사를 보이는 것은 백이산에서 이어지는 산줄기가 비대칭 구조를 이루고 있기 때문이다.

[출처] 한국학중앙연구원 – 향토문화전자대전

가장 먼저 **중국 은(殷)나라 백이(伯夷)와 숙제(叔齊)가 주(周)나라의 녹을 받은 것을 부끄럽게 여기고 수양산에 들어가 고사리만 뜯어 먹다 죽었다는 고사성어에서 비롯되었다**는 이야기는 그럴싸하지만, 후대에 만든 이야기라고 생각됩니다. 왜냐하면, 백이산이란 이름에 숙제(叔齊)와 관련된 글자가 없기 때문이며, 그렇게 그분들이 죽은 것과 **배이산**과는 아무런 연결점이 없기 때문입니다. 좀 더 합리적으로 생각하면 좋겠습니다. 백이산이란 이름이 생긴 것은 **배이산**이란 우리 지방 사람들의 발음을 들었던 사람들 중에서 그 의미를 모른 사람들이 **배이산** 발음을 한자로 표현했을 것이라고 생각하는 것이 더 좋을 것입니다.

배이산 -> 백이산

이렇게 발음한 것이라고 생각했던 사람들이 **배이산**을 한자로 표현했던 것이 백이산이라고 생각하는 것이 가장 적절할 것입니다. 그런데 만약 **배이산**의 의미를 잘 알고 그것을 한자로 표현하려고 했다면 다음과 같이 표현했을 것입니다.

주계산(舟繫山)

'배'를 의미하는 쥬(舟)
'붙들어 매다'를 뜻하는 한자는 繫(계)

저는 **배이산**을 한자로 **주계산**이라고 부르는 것이 가장 적절하다고 생각합니다. 배이산에서 볼 때 서남쪽에 있는 주월산과 연결해서 생각하면 배이산은 주계산이라고 불러야만 합니다.

주월산(舟越山)

옛날 조성면 앞 득량만 바닷물이 홍수로 밀려올 때 배가 이 산을 넘어 갔다고 하여 舟(배주) 越(넘을 월) 山(산산)이라고 했다고 한다.

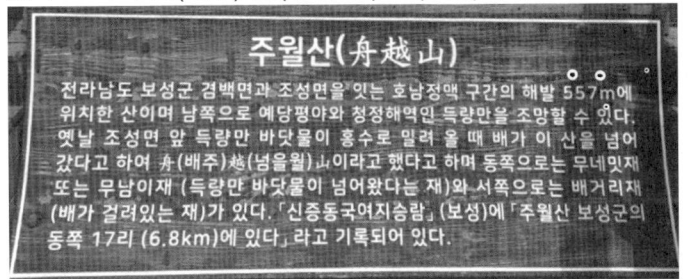

배 모양처럼 생긴 전망대

그리고 이렇게 소개한 내용도 수정되어야 합니다.

- 낙안산성 일대의 지형을 바다의 형국으로 보고 이 산봉우리에 배를 맨 자국이 있어 배이산이라 불렀다는 설이 있다.

배이산 이름은 낙안산성 일대의 지형을 바다의 형국으로 보고서 불렀다는 생각도 잘못된 것입니다. 이 산봉우리에 배를 맨 자국이 있어 배이산이라 불렀다는 설이 있다는 생각도 잘못된 것입니다. 배이산은 하나의 설(說)이 아니고 사실(事實)로 기록되어야만 합니다.

낙안산성 일대의 지형과 벌교읍이 있는 곳 전체 그리고 주월산 밑에까지 바다였을 때 산봉우리에 배를 매어 안전하게 살았기에 그때부터 **배이산**이라고 불렀다.

백이산 정상에서 바라본 남쪽

바로 밑이 왼쪽이 우리 고향 동네입니다. 그리고 보성군 벌교읍 글자 밑 오른쪽에 홍교다리가 있습니다. 그곳에서 서북쪽으로 들어간 부분에 비닐하우스가 보이는데, 그곳에서 북쪽으로 올라오는 그곳 마을이 옛 낙안군청자리였던 고읍입니다.

제가 자라났던 마을은 **배이산** 바로 밑에 있습니다. 벌교에서 광주로 가는 길에서 보면 배이산 왼쪽 가슴 아래에 위치했습니다. 마을에서 산 정상까지는 대략 4km 정도 될 것입니다. 저는 어린 시절 배이산 정상을 오르면서 배를 매었다는 산봉우리를 보았습니다. 동네 형이 '이곳이 배를 매었던 자국'이라면서, 그 장소를 가르쳐주었는데, 그 어린 시절에는 그 형의 말을 별로 중요하게 생각하지 않았습니다. 그리고 오랫동안 그 장소나 배이산이란 이름을 그렇게 중요하게 생각하지 않고 살았습니다. 그런데 <이순신 보물>을 정리하는 동안 그 장소와 배이산이 매우 중요하다는 사실을 알았습니다.

주월산 가까이 있는 조양창 옆에 여러 고인돌이 있었습니다. 우리 마을 주위에서는 도끼와 돌화살 등 석기시대 유물이 다량으로 나와서 낙성초등학교에 모아두었습니다. 아무튼 아주 오래전부터 배이산은 인근 지역에서 가장 중요한 장소 중 하나였습니다. 주월산은 홍수 때 바닷물이 넘쳐서 인근에 거주했던 사람들이 피해를 당했을지라도, 인근 지역이 삼키던 그 바닷물은 배이산 만은 넘을 수 없었습니다. 그래서 산봉우리에 배를 매고 살았던 사람들은 산봉우리 위쪽 그리고 산을 넘어 적절한 장소에 살 집을 지었고 그곳에서 안전하게 살 수 있었습니다. 아무튼, 고대부터 사람들은 산에 배를 매고 살았기 때문에 자신들이 살고 있던 산을 배이산이라고 불렀던 것입니다. 그렇게 이 지역 후손들은 계속해서 배이산이라고 불렀던 것을 나중에 백이산으로 들었던 타지 사람들은 한자의 백이산(伯夷山)이라고 생각했던 것입니다. 배이산을 가장 잘 소개한 곳을 소개합니다. 물론 소개한 곳에서도 백이산(伯夷山)이라고 기록합니다. 소개한 사람은 백이산이 배이산임을 전혀 모르고 있을지도 모릅니다. 아무튼 이곳에서 배이산 주위를 자세히 보여주고 있습니다.

https://m.blog.naver.com/mjh4539/221869427733

장군께서 꿈에서 우시면서 말씀하신 내용 중 또 하나의 산 이름이 나옵니다.

"저기 보이는 옥산조차 신음하는 소리가 들려서 울고 있다."

바로 옥산입니다. 옥산이란 낙안면 옥산리(玉山里) 중심에 있는 작은 산입니다.

낙안면에 속한 옥산의 모습을 백이산 정상에서 보면 마치 옥구슬이 평야에 박혀 있는 모습입니다. 제가 이순신 보물을 정리하게 시작했던 시점부터 지금까지 옥산에 관한 전설이 머리에서 떠나지 않았습니다. 전설에는 눈물이 있기 때문입니다.

낙안평야가 형성되어 곡식들을 재배하기 시작했을 때였습니다. 홍수 때가 되면 밀려오는 바닷물 때문에 배이산에서부터 벌교읍 옆에 있는 제석산이 있는 곳까지 벼와 보리 등 여러 작물이 아름답게 익어가던 낙안평야가 물에 잠기기도 했었습니다. 배이산에서 사시는 산신께서 지금 홍교다리가 있는 부분을 막을 계획으로 배이산 일부분을 떼어서 홍교다리 부근으로 떠내려가도록 했습니다. 그런데 한밤 중에 산이 배이산에서 출발한 지 얼마 되지 않았던 그때, 잠들지 않고 그 밤중에 빨래를 하고 있던 한 여인이 '**산 떠내려가네!**'라고 외쳤습니다. 그 여인이 한 번만 외친 것이 아니라 몇 번을 크게 외치자 잠자고 있던 마을 사람들이 깨어나서 떠내려가고 있는 산을 구경하기 위해 집에서 나왔습니다. 산이 떠내려가는 광경을 본 사람들은 세상 마지막이라고 울부짖기 시작했습니다. 땅에 엎드려서 하늘을 향해 간절히 기도하는 사람들도 상당히 있었습니다. 특히 아이

들은 울부짖는 부모님들의 모습을 보며 가장 당황하며 어떻게 할지 몰랐습니다. 그런 광경을 처음 보았던 사람들이 그렇게 당황하며 울부짖는 것은 당연했습니다.

그런 광경을 보고 있던 산신은 더 이상 산을 옮길 수가 없었습니다. 사실 산을 옮기는 일은 매우 조용히 진행되어야만 했습니다. 산신은 자신보다 더 높은 신에게 조용히 산을 옮기겠다고 약속했었습니다. 그런데 그 약속대로 진행할 수 없었던 산신은 떠내려가는 산을 평야 가운데에 남겨두어야만 했습니다. 그렇게 해서 생긴 것이 옥산입니다. 그리고 홍수가 나서 바닷물이 낙안평야를 집어삼키면 산신은 슬피 우셨습니다. 옥산만 홍교다리 부근으로 옮길 수만 있었다면 홍수가 나도 바닷물이 낙안평야에 전혀 피해를 주지 않으리라고 생각했기 때문입니다. 그때부터 배이산 주위에 살았던 사람들은 옥산을 **신의 눈물방울**이라고 불렀습니다.

저는 옥산이 신의 눈물방울을 의미한다는 점을 까맣게 잊고 살았는데, 꿈에서 장군님께서 옥산이 신음한다는 말씀을 하실 때 기억하게 되었습니다. 그런데 장군님께서 신이 아니라 옥산이 신음하고 있다고 말씀하신 의미가 무엇인지 아는 사람이 있을지 모릅니다. 저는 장군님이 이렇게 말씀하신 이유를 잘 알고 있습니다. 그 이유를 설명하려 하니까 마음이 또 저립니다.

"사실 내가 가장 존경한 선인 중 한 분이 김 장군님이시다. 그런데 그분에 대해서 정확히 아는 사람이 너무도 적다는 사실이 가장 가슴 아프다. 무엇보다 그분이 고향을 떠나셔야만 했던 이유가 무엇인지를 아는 사람은 거의 없다. 나는 김 장군님이 나보다 더 존경받기를 원한다. 사실 그분은 가장 열악한 환경에서 최선을 다하셨던 분으로 내게 가장 감명을 주셨다. 내가 열선루에서 사생결단을 할 때 가장 먼저 떠오른 분이 김 장군님이셨다. 그런데 그분이 태어나 자랐던 고향인 옥산을 떠나서야만 했다는 사실을 지금도 생각만 해도 가슴이 저린다. 저 옥산도 그때 눈물을 흘리면서 떠나신 장군님의 모습을 아직까지 기억하기에 저 자리에서 저렇게 울고 있는 것이다. 저 옥산이 울기 때문에 지금 여기 배이산도 울고 있고."

저는 꿈에서 장군님께서 말씀하신 김 장군님이 어떤 분이신지 어느 정도는 알고 있기에 장군님께서 말씀하실 때 저도 모르게 눈물이 흘러 내렸습니다. 꿈에서라도 눈물이 흘러내릴 수 있어서 얼마나 감사한지 모릅니다. 그런데 이순신 장군님께서 말씀하신 옥산의 김 장군님에 관해서 아는 사람은 극히 소수일 뿐입니다. 그분을 안다고 말하는 사람들 대부분도 AI가 알고 있는 정도입니다.

낙안 옥산에서 출생한 김빈길 장군은 조선 태조 때의 무인으로, 왜구 침입 당시 의병을 일으켜 낙안읍성을 쌓았습니다. 김빈길 장군은 옥산 신우대로 만든 화살대를 임금께 진상하기도 했습니다.

김빈길 장군은 낙안군 옥산 출신으로, 조선 태조 6년(1397년) 왜구가 침입하자 의병을 일으켜 낙안읍성을 쌓았습니다. 옥산은 현재 전라남도 순천시 낙안면 옥산리에 위치한 지역입니다.

김빈길 장군은 아호가 죽강(竹岡), 시호가 양혜(襄惠)이며 본관은 고성 김씨(固城)입니다. 그는 성품이 충직하고 근검했으며, 의병을 일으켜 낙안읍성을 쌓은 공로로 오늘날까지 기억되고 있습니다.

낙안읍성은 김빈길 장군이 최초로 토성을 쌓고, 나중에 임경업 장군이 석성으로 재건축했습니다. 낙안읍성은 현재 전라남도 순천시 낙안면에 위치하며, 조선 시대 서민 문화유산으로도 유명합니다.

사실 저는 2009년도 **오마이뉴스**에 두 번 올라온 내용을 읽으면서 큰 충격을 받았습니다. 왜냐하면, 그때까지 저의 고향 마을 바로 옆 동네에서 태어나 위대하게 사셨던 김 장군님에 관해 너무도 모르고 있었기 때문입니다. 저는 뉴스에서 김 장군님의 일대기를 읽고서는 큰아들과 대화를 했습니다.

낙안향교 옆 충민사에 모셔진 양해공 김빈길 장군 영정

이분이 바로 김빈길 장군님이시다. 사실 이분이 누구인지 또 이분이 낙안군 옥산부근에서 1369년에 태어났음을 아는 사람들은 소수다. 옥산부근이란 우리 고향마을 바로 옆이지. 사실 옥산은 100미터가 조금 못되는 산인데, 배이산 자락에 해당된다. '옥산이 떠내려간다'라고 외쳤다는 이야기는 아빠로부터 이미 들어서 잘 알고 있지. 그런데 옥산 마을에는 '지동교'(池洞橋)라는 다리도 있지. 바로 우리 지동리에 속한 부분도 그곳에 있었기 때문이지. 그런데 최근에야 옥산에서 태어나신 김 장군님께서 참 위대하게 사셨음을 알게 되었지.

김 장군님이 태어난 때는 지금으로부터 640년 전인데, 이 무렵에는 왜구의 침입이 잦아 낙안군 지역이 피폐하고 혼란스러울 때였지. 그렇게 혼란스런 시기에 태어났다는 것은 큰 불행일수도 있지만,

'난세에 영웅이 난다'는 속담처럼 영웅이 될 수 있는 기회이기도 했지. 김 장군님께서 왜구와 전쟁을 벌였던 기록이 남아 있지. 1394년 낙안군 지역에서 전라도 수군첨절제사로 임명받아 경상도 사천 앞바다까지 출전해 왜적을 무찔러 왕이 크게 탄복하고 상을 내렸다는 기록이 남아있지. **태조 3년(1394) 왜선 3척을 섬멸, 왜선 1척을 섬멸, 왜선 3척을 섬멸한 전라 수군첨절제사 김빈길에게 물품을 하사하다.**

중요한 점은 1397년 왜구와 맞서기 위해 현재의 낙안읍성을 흙으로 쌓았지. 그 규모가 어느 정도인지는 알 수 없지. 하지만 약 30여 년 후인 1426년에 장군의 지휘 아래 쌓았던 토성을 근거로 다시 석성을 쌓았다는 기록이 있지. 이 기록을 근거로 현재 낙안읍성의 모습을 크게 벗어나지는 않았을 것으로 생각하는 것이 적절하다. 조선왕조실록 세종 편에는 석성으로 증축한 부분이 자세히 나와 있지.

'세종6년(1423) 전라도 관찰사의 장계(조선시대 지방에 파견된 관원이 글을 써서 아뢰는 문서) 내용에 "낙안읍성이 토성으로 되어 있어 왜적의 침입을 받게 되면 읍민을 구제하고 군을 지키기 어려우니 석성으로 증축하도록 허락하소서" 하니 왕이 승낙하여 세종9년(1426) 되던 해에 석성으로 증축하기 시작하였다는 기록이다.'

정확한 연대는 알 수 없지만 그 후에 관직을 내려놓고 배이산 부근에 망해당이라는 정사를 짓고 노후를 보내면서 낙안군 지역의 아름다움을 노래했데. <낙안팔경: 망해당기>로 이해하는 <금강모종> <백이청풍><보람명월><옥산취죽영><징산숙로><평지부사><단교어화><원포귀범>은 지금까지 내려오는 가장 유명한 한시가 됐데.

이런 한시를 통해서 마치 이순신 장군님처럼 김 장군님께서도 문학에도 뛰어나신 분임을 알게 되었지.

그런데 나중에 김빈길 장군은 전북 고창으로 친인척과 함께 모두 이주하게 되었는데. 고향인 낙안과는 약 100여 킬로미터나 떨어져 있는 생소한 곳인 이곳으로 왜 이사하게 되었을까? 낙안군 지역에서 크게 이름을 떨친 장수가 일가친척을 모두 데리고 고향을 떠나게 된 점은 뭔가 말 못할 고민이 있었음을 의미하고 있지. 이 부분에 관해 김빈길 장군 후손들은 이렇게 증언해 주었는데.

"당시 남해안 지역에 왜구의 침입이 잦고 국가적으로도 혼란스러운 가운데 모함이 난무해 야인으로 살기 위해 고향을 떠났다."

마치 이순신 장군님이 모함을 받고 백의종군하던 것을 연상케 하지. 누가 모함을 했는지 정확히 알 수 없지만 장군님을 잘 알고 있다고 자처했던 사람들이었을 거야. 지금도 그렇지만, 어느 시대나 정확히 알지 못한 놈들이 모함하니까. 그러나 전북 고창에서의 야인 생활을 오래할 수 없었데. 그곳에서도 왜적의 침입을 보고만 있을 수 없어 다시 전쟁터로 나가셨는데. 그리고 사진포전투에서 전사하고 말았다고 전해지지.

왕은 김빈길 장군님의 전사 소식을 듣고 크게 슬퍼하며 증의정부(贈議政府) 우의정(右議政)에 추증(追贈)하고 양혜(養惠)라는 시호까지 내렸다고한다. 현재, 전북 고창군 고수면 부곡리의 김빈길 장군님 묘소에는 신도비 등이 세워져 있는데. 또 그분의 업적을 기리고 있고 전북 진안군 안천면 백화리에는 김빈길 장군 영정을 모신 화천사라는 사당이 있어 매년 2월 보름 향사를 지내고 있는데.

그런데 참 어이없지. 고향땅인 낙안에는 옥산 부근의 생가나 배이산 자락의 정자인 망해당은 흔적도 없이 사라졌지. 남아 있는 것은 고작 낙안향교 내 충민사의 영정 한 장이 전부라는 거야. 아빠도 아직 그분 영정을 보지 못했지. 특히, 그분이 낙안군민들과 함께 피눈물을 흘리면서 쌓았던 낙안읍성 내에도 김빈길 장군님과 관련해 흔한 비석조차 없지. 참으로 안타까운 점이지.

뉴스 기사를 쓴 기자께서 '김빈길 장군이 낙안군의 중시조나 마찬가지며 낙안읍성을 최초로 쌓은 인물이란 점을 감안하면 이런 모습은 부끄럽기까지 하다'라고 기록했음을 보고 아빠도 정말 부끄럽게 생각했지. 아빠가 능력이 있다면 사비라도 그분을 기념할 무엇을 만들고 싶었지. 무엇보다 아빠가 고심했던 부분은 이 내용이다. 뉴스에 있는 이 내용을 읽으면서 누구보다 더욱 존경받아야만 할 김 장군님을 완전히 잊고 살아왔다는 사실을 알고 김 장군님께 죄송한 마음이 들었지.

전남 순천시 '낙안읍성'하면 대부분 임경업 장군을 떠올린다. 그리고 그 뒤에는 꼭 "낙안읍성을 임경업 장군이 하룻밤 사이에 쌓았다더라"하는 얘기를 덧붙인다. "정말 그랬나요?"라고 미심쩍어하면 임경업 장군이 낙안군수(1626년 5월~1628년 3월)로 부임해서 석성으로 쌓았다는 얘기가 있다고 얼버무리는데, 그 이유는 그저 구전일 뿐, **임경업 장군이 낙안읍성을 쌓았다는 정확한 기록은 없기 때문이다.**

그런데 조선왕조실록 세종 편을 보면 세종6년(1423) 전라도 관찰사의 장계(조선시대 지방에 파견된 관원이 글을 써서 아뢰는 문서) 내용에 <"낙안읍성이 토성으로 되어 있어 왜적의 침입을 받게 되면 읍민을 구제하고 군을 지키기 어려우니 석성으로 증축하도록 허락하소서" 하니 왕이 승낙하

여 세종9년(1426) 되던 해에 석성으로 증축하기 시작하였다>는 기록이 남아 있다. **이것은 임경업 장군이 낙안군수로 부임하기 200여 년 전에 벌써 석성으로 증축했다는 증거다.**

하지만 임경업 장군이 쌓았다고 주장하든, 그보다 200여 년 전에 석성으로 증축했다는 기록이 있든, 이 모든 것은 낙안읍성이라는 성을 보수하거나 개조한 것에 불과하다. **최초로 낙안읍성을 쌓은 인물은 낙안군 낙생동(지금의 옥산) 출신 김빈길 장군이다. 조선태조 6년(1397년) 왜구가 침입하자 그가 의병을 일으켜 토성을 쌓은 것이 곧 낙안읍성이다.**

▲낙안읍성 민속마을 전경. 초가집이 무리 지어 있어 옛 고향마을 같다.
ⓒ 이돈삼관련사진보기

김 장군님께서 의병을 일으켜 토성을 쌓은 것 때문에, 그리고 그 후에도 수많은 의병들이 일제와 싸운 것 때문에 일제는 1908년 순종 왕에게 압력을 가해서 낙안군을 완전히 없애도록 했던 것이다. 그리고 마침내 낙안군은 순천 고흥 보성으로 나눠져 분할되어서 역사에서 완전히 지워져 버렸고, **지금 우리 고향 뒷산 배이산은 두 동강이가 나서 신음하고 있다.** 단 한 번도 나눠진 적 없었던 배이산이 남쪽은 보성군 벌교읍이고 북쪽은 순천시 낙안면이 되어버린 것이다. 배이산은 마치 한반도처럼 되어 버렸다. 더 정확히 말해서, **배이산은 한반도가 나눠질 것을 미리 체험하면서 신음했고 지금도**

피눈물을 흘리면서 신음하고 있다. 아빠는 이곳 미국에 있지만 지금도 배이산이 피눈물을 흘리면서 신음하는 소리를 듣고 있다. 특히 배이산은 옥산을 떠나면서 눈물을 흘리셨던 김 장군 가문을 생각하면서 피눈물을 흘리면서 신인에게 기도하고 있다. 더 이상 모함이 없는 한민족이 되게 해 달라고. 그리고 자신을 하나로 만들어 달라고. 한반도를 하나로 만들어 달라고.

위의 글을 살핀 다음 인터넷을 검색해 보니 2025년 4월 17일자로 **나무위키**에 새로운 내용이 있음을 발견했습니다.

1405년(태종 5)에 전라도수군도절제사가 되었을 때에는 도내(道內)의 요해처(要害處)에다 만호(萬戶)를 두고, 병선(兵船)을 나누어 정박시켰고 또한 여러 섬에 둔전(屯田)을 설치하고 군비를 비축하게 하여 주는 것만을 바라는 폐단을 없애고. 평소 아랫사람을 대함에도 한 치도 소홀함이 없었다. 예로 그가 수군절제사로 있을 때에도 항상 사졸(士卒)들과 더불어 감고(甘苦)를 같이하였고, 또한 도적을 쫓아 행선(行船)할 때에도 분연(奮然)히 몸을 돌보지 않아 군사들이 모두 사력(死力)을 다하였으므로 가는 곳마다 승리하였다. 상을 받으면 항상 군사(軍士)의 공(功)이 있는 자에게 나누어 주었으므로 비록 외진 백성들이라도 그의 은혜를 입었다.

김 징군님께서 이렇게 훌륭한 분임을 누구에게도 들은 적도 없었습니다. 정말 미안합니다. 옥산이 왜 울고 있는지, 옥산을 따라서 배이산이 왜 울고 있는지, 그 이유를 더 분명하게 알 것 같습니다. **배이산의 피눈물**을 멈추게 할 수 있는 방법은 과연 무엇일까요? 갑자기 질문하는 동안 배이산이 바라는 것이 하나도 이루어지지 않는다고 해도 한민족이 하나 되어 살아간다면 배이산은 더 이상 피눈물을 흘리지 않고 춤출 것만 같다는 생각이 들었습니다. 제 생각을 들으신 분은 어떻게 생각하시는지요?

　글을 정리한 다음에도 인터넷에서 두 곳에서 보았던 글이 제 마음에 눈물을 흐르게 만듭니다.

　그럼 낙안군은 현존하는가? 아니다. 100여 년 전에 사라진 고을이다. 1908년, 일제가 한반도를 침탈하면서 현재의 보성군 벌교에 전진기지를 구축하기 위해 낙안군을 해체시키고 강제로 지역민을 인근 지역 세 곳에 분산 수용 시켜 버렸다. 한마디로 비운의 고을인 셈이다.
　현재의 순천시 외서면, 낙안면, 별량면 일부 그리고 보성군 벌교읍과 고흥군 동강면, 대서면 일부가 당시 낙안군 지역이었다. 사방이 산으로 둘러싸인 단지와 같은 지형을 가지고 있었고 넓은 평야가 있었지만 그 가운데로 바닷물이 깊숙이 들어와 해안지방의 성격이 강했다.
　현재의 순천시와도 다르고 현재의 보성군이나 고흥군과도 전혀 다른 독립적인 행정단위였던 낙안군, 그 치소였던 낙안읍성이 지금은 왜 순천시 낙안면의 그것으로 변해 그 시절의 씨줄과 날줄인 보성이야기며 고흥이야기는 장롱 속에 묻힌 이야기가 되고 말았을까?

　오랜 기간 왜구들에게 수탈을 당하다보니 1905년 을사보호조약으로 조선이 침탈당할 때 이 지역 출신 나철 선생과 오기호·이병채 지사 등이 일본으로 건너가 일본 정부에 격문을 전하고, 조약의 부당함을 항의하기도 했다. 이들은 또 1908년 한일합병 조약이 체결되자 조선총독부를 찾아가 을사오적을 암살하려다 실패, 일본 경찰에 붙잡혀 유배 또는 옥고를 치르기도 했다.
　이렇게 일본에 강한 거부감을 가지고 사사건건 대항하다 보니 일제가 이 지역을 좋아할 리 없었다. 일제는 1908년 10월 전국 행정구역을 개편한다는 명목 아래 항일투쟁무력화를 목적으로 낙안군을 폐군(廢郡)시키기에 이른다. '낙안군'이란 명칭이 질곡의 역사 속으로 사라지는 배경이다.

"민족의 스승이신 김 장군님을 후손들이 잊고 사니 참으로 가슴 아프다. 네가 김 장군님을 널리 알리기 바란다."

장군께서 이렇게 말씀하신 것 때문에 김빈길 장군님을 자세히 소개했습니다. 지금은 2025년 5월 11일 밤, 대선을 앞둔 나라가 너무도 시끄럽습니다. 무엇보다 민족의 스승들이 드러나지 않습니다. 지금 저를 하루 두 끼만 먹으며 살도록 영향을 주셨던, 하루 한 끼만 잡수시며 사시다가 세상을 떠나셨던 **선생님의 그 글**을 바꿨던 그때처럼 신인에게 마음눈물 흘리며 간절히 기도하고 있습니다.

그대 그런 사람이 되었는가

만리 길 나서는 길
처자를 내맡기며
맘놓고 갈 만한 사람
그 사람이 그대는 되었는가

탔던 배 꺼지는 시간
구명대 서로 사양하며
"너만은 제발 살아다오" 할
그 사람이 그대는 되었는가

온 세상의 찬성보다도
"아니"하고 가만히 머리 흔들며
피눈물 흘려도 유혹을 물리치는
그 사람이 그대는 되었는가

신인의 눈물

지금 저는 소설 <이순신 보물>에서 본 문장을 생각하고 있습니다.

특별히 후손 중에 신인의 눈물 중 하나인 이것이 호랑이로 보이는 때가 있을 것이다. 후손 중 누군가 이것을 호랑이로 보는 사람이 나타날 것이다. 그 사람은 호두검 등 조상들이 물려준 수많은 보물과 보석을 가지고 많은 사람들을 행복하게 살도록 도와 줄 것이다.

저는 지금 매우 놀라고 있습니다. 왜냐하면, 2025년 5월 10일 자정인 지금 제 눈에 전에는 전혀 보이지 않았던 호랑이가 보이기 시작했기 때문입니다. 금강석을 사진으로 찍었습니다.

자정인 지금 왼쪽 사진처럼 호랑이 모양이 보이기 시작합니다. 조금 전까지만 해도 오른 쪽 모양으로만 보였습니다. 줄처럼 보이는 것들이 눈물자국 흔적이랍니다. 인도에서부터 가져온 '신인의 눈물'로 부르는 운석인 금강석을 항상 손에 쥐고 살았던 제가 오늘 밤 자정에 호랑이로 보게 된 것이 과연 소설에서 기록한 내용대로 이루어지는 신호일까요? 소설은 다음과 같이 기록되어 있었습니다.

이것이 호랑이로 보이는 그때가 되면 신인께서 우리 조상들에게 약속하셨던 그 모든 일들을 친히 이루실 것이다. 그렇다고 해서 후손들이 아무것도 하지 않아도 된다는 의미는 아니다. 후손들 역시 자신들이 해야 할 일들에 최선을 다해야만 할 것이다. 아무튼 후손 중에서 신인의 눈물인 이것을 호랑이로 보는 자가 나타날 때면 신인께서 이순신 장군님께 주셨던 것과 같은 천행(天幸)을 주실 때가 되었음을 잊지 마라.

지금 제가 신의 눈물을 호랑이 모습으로 보기 시작했으니 소설에 기록된 것처럼 신인께서 장군님께 주셨던 것과 같은 천행을 우리에게도 주실까요? 지난 40년 동안 적극적 사고방식의 힘보다 더 중요한 기도의 힘을 가르쳐 왔던 제가 지금 장군님께 묻고 싶습니다. 만약 장군님과 대화가 가능하다면 말입니다. 제 말을 들은 사람 중에 또 이렇게 말하는 사람이 있을 것입니다.

"호랑이 모양이라고? 똥개 모양인데."

"아니야. 진짜 미련한 곰 모양인데."

보는 사람 마음이 똥개이고 미련한 곰이기 때문에 그렇게 보임을 잘 알고 있습니다. 심지어 마귀 형상으로 보이는 눈도 있을지 모릅니다. 마귀 마음을 품고 마귀처럼 살아가고 있으니까요. 아무튼, 저는 소설 <이순신 보물>에 기록된 내용대로 신인께서 우리에게 천행(天幸)을 선물로 주시길 지금도 간절히 기도하고 있습니다. 간절히 기도하는 지금 호두검을 발견한 후 지금까지 제가 살아냈던 순간들이 영화처럼 펼쳐집니다. 순간순간이 기적의 연속이었습니다.

신인의 도우심이 아니었다면 지금 이 글을 쓸 수 없음을 잘 알고 있기에 신인에게 진심으로 감사를 드리고 있습니다. 또한 저를 위해 마음을 쏟고 후원금까지 주셨던 신인의 가족으로 살아 주신 모든 분들에게 감사의 마음을 전하고 있습니다. 물론 형제자매들과 처형과 손위 동서에게도 감사의 마음을 전하고 있습니다. 감사하는 지금 2024년 9월 20일에 구사일생으로 살아나서 금강석을 알게 되었고 그 후 2000시간 동안 금강석을 연구하여 누구도 알지 못하는 금강석의 비밀까지도 알게 된 사실 때문에 신인에게 마음으로 눈물 흘리며 특별한 감사를 드립니다.

저는 호두검을 발견했던 2011년 때부터 작년 9월 20일까지 소설 <이순신 보물>에 기록되어 있는 모든 보물이 무엇인지 알기를 원했고, 또 그것들을 찾을 수 있다면 얼마나 좋을까라고 자주 생각하며 살아왔습니다. 사실 작년 9월 20일 이전에는 소설에 기록하고 있는 모든 보물을 다 아는 것은 아니었습니다. 작년 4월 28일에 소설에 기록된 보물들을 대부분 알게 되었지만, 모든 보물을 다 아는 것은 아니었고 또한 알게 된 보물들이 구체적으로 무엇인지도 몰랐습니다. 그렇지만 저는 작년 9월 20일까지도 모든 보물을 찾을 수 있다면 정말 좋겠다고 생각했습니다. 특별히 그 모든 보물 중에 단 한 가지라도 현금화시켜서 1980년부터 꿈꿨던 것을 조금이라도 이룰 수 있다면 얼마나 좋을까 생각했습니다. 제가 1980년도부터 무엇을 꿈꾸며 살았는지는 <그 청년은 살아낸다>에서 자세히 기록했습니다.

그런데 작년 9월 20일 이순신 보물 중에서 마지막 보물이라고 생각되었던 여러 금강석을 발견하고 이제는 현금화시킬 수 있게 되었고 이제는 꿈을 이룰 수 있게 되었다고 생각하며 너무도 기뻐했습니다. 그러나 아직도 금강석을 현금으로 바꿀 수는 없습니다. 가장 큰 이유는 다이아몬드 전문가들도 금강석이 무엇인지도 모르기 때문입니다. 특별히 검정 금강석이 다결정 다이아몬드이기에 전도체이며 그것이 방사선 효과를 가지고 있어서 치유하는 보석으로서 최고라는 점을 아는 사람도 거의 없습니다. 그래서 검정 금강석도 땅 속에서 파낸 단결정 다이아몬드처럼 가공해서 예쁘게 보여야만 상품 가치가 있습니다. 왜냐하면, 소비자들은 다이아몬드를 하얀 빛이 찬란하게 나는 보석으로만 생각하기 때문입니다. 그래서 검정 금강석도 가공해서 빛을 내야만 상품 가치가 있다고 생각합니다.

그런데 저는 아직도 금강석 하나도 가공하지 못했습니다. 그리고 가공했다고 해도 그것을 감정하는 최고 기관에서 무어라고 평가할지도 모릅니다. 이전에 우리나라에서는 검정 금강석으로 가공된 것들을 감정한 경험이 없기 때문입니다. 사실 다결정 다이아몬드인 금강석에 관해서는 저만큼 잘 아는 사람을 아직까지 만나보지 못했습니다. 아무튼 저는 미국에 있던 금강석들 중 상당량을 조국으로 가지고 왔습니다. 그 금강석들은 한국에서 가져갔던 것들입니다. 저는 유학을 떠났던 1990년도에 상당한 양의 금강석을 미국으로 가지고 갔습니다. 사실 그때는 그것들이 금강석인줄 전혀 몰랐습니다. '**돌을 금보다 귀히 여기라**'는 말씀 하신 조상들이 물려준 돌이었기에 가문의 보물로만 여겼을 뿐입니다. 가보로 내려왔던 여러 돌중에서 제가 어릴 때부터 머리맡에 놓거나 가슴에 품고 지냈던 독특한 돌들을 고향 집에 둘 수는 없었습니다. 분신처럼 여겼던 독특한 돌들이라 미국에 가지고 갔던 것이며, 제가 조국에 와서 일을 할 때에도 미국에 아이들과 함께 있게 했습니다. 아무튼, 말씀드린 것처럼 그것들이 금강석임을 알게 된 때는 2024년 9월 20일입니다.

　신인께서 제 길을 최선으로 인도하신다고 확신한 가운데 지난해 12월 7일에 다결정 다이아몬드 전문가란 분에게 미국 집에서 가져온 금강석을 보여주었더니 이렇게 말했습니다.

　"경도가 5정도밖에 안됩니다. 이것은 다이아몬드가 아니고 속에 독소가 있으니 속히 버리십시오."

　다이아몬드 전문가라는 그 사람 말을 들었던 저는 정말 깜짝 놀랐습니다. 경도가 10 이상임을 간단하게 시험해 보면 알 수 있고, 몇 백배의 현미경이 아니라 10배의 확대경으로만 보아도 아름다운 금강석임을 환히 알 수 있는데도 그렇게 말했기 때문입니다. 제가 그 사람과 헤어진 다음 신인에게 정말 간절히 기도했습니다. 사실은 마음의 눈물을 흘리면서 기도했습니다. 마음에 흘리는 눈물은 피눈물임을 잘 아실 것입니다. 밤샘을 하며 피눈물을 흘리면서 제 길을 인도해 달라고 간절히 기도했습니다. 제게 특별한 신호를 보여 달라고 말입니다. 특별한 신호가 되는 어떤 광경을 지금 이 순간 보여 달라고 말입니다. 아침에도 일어나 기도했고, 점심 후 오후가 될 때에도 바위들이 있는 곳에서 기도하고 있었습니다. 그때였습니다. 저 멀리 40미터 떨어진 곳에 제 키의 두 배 가량 높고 커다란 검정 바위가 병풍처럼 펼쳐 있었는데, 그 검정 바위 위에 하얀 돌이 훨훨 불타며 찬란한 빛을 뿜어내고 있었습니다. 바로 뒤표지에 올린 돌입니다.

돌에서 불이 훨훨 타며 찬란한 빛을 뿜어내고 있는 것이 제 눈에만 보였는지 모르지만, 아무튼 저는 돌을 향해 달려갔습니다. 그리고 돌을 주웠습니다. 그리고 돌에서 뿜어져 나온 빛이 가리키고 있는 방향으로 쏜살같이 갔습니다. 그리고 그곳에서 참으로 놀라운 것들을 발견했습니다. 그것들이 무엇인지는 사람들에게 말해도 믿지 않을 것이기에, 그것들을 신인의 가족으로 살아가는 분들에게만 이야기하고 있습니다. 그리고 작년 12월 7일부터 지금까지 저는 제 앞에 이 돌을 놓고 바라보며 돌의 냄새를 맡으며 살고 있습니다. 컴퓨터에 글을 쓰고 있는 지금도 제 두 팔 사이에 있는 이 돌이 저를 계속 바라보고 있습니다. 돌에서 신인의 향기가 나온 듯 향기로운 무엇이 코를 자극합니다. 불탄 자국으로 생각된 빨간색 부근에서 나온 것인데, 제 착각일 수 있음도 잘 알고 있습니다.

그 후 2000시간 동안 금강석을 연구했습니다. 어쩌면 제가 금강석에 관한 내용을 아주 상세히 기록해서 책으로 출판하게 된다면 세상의 보석업계는 커다란 충격에 빠지고 말 것입니다. 그 충격으로 어떤 결과가 나타날 것인지는 상상도 할 수 없습니다. 그래서 저는 금강석의 비밀 중 모두가 알아도 좋을 부분만 여러 사람들에게 나누고 있습니다. 금강석의 비밀 중 특별한 내용은 신인의 가족으로 살아가는 모든 사람들 중에서도 매우 중요한 역할을 하고 있는 몇 사람만 알도록 할 것입니다. 그리고 그 몇 사람은 코카콜라회사의 운영방식으로 우리의 기업을 운영할 것입니다. 코카콜라회사가 어떻게 운영되어 왔는지를 아는 분들은 제 말을 잘 이해하실 것입니다.

저는 지금 심야 02시 8분인데도 이렇게 글을 쓰고 있습니다. 글을 쓰지 않으면 안 되겠다는 심정으로 잠들지 못하고 글을 쓰고 있습니다. 저는 지금 2025년 4월 28일 밤 즉 29일 새벽의 꿈에서 말씀하신 장군님의 말씀대로 최선을 다하려고 노력하고 있습니다. 꿈에서 장군님께서 이렇게 말씀하셨습니다.

"아직 현금을 만들지 못해서 낙심하지 마라. 금강석을 가공하지 않아도 살 사람이 있을 것이다. 네가 어렸을 때부터 만지며 품고 살아왔던 것들 중에 하나를 팔아서라도 꿈꾸던 일을 시작하라."

저는 장군님께 어떻게 그것을 팔 수 있겠냐고 말씀드렸습니다. 그것은 너무도 소중해서 도저히 팔 수 없기 때문입니다.

"그 모든 것들 중에서 네가 1980년부터 특별히 두 손에서 놓지 않았던 두 개의 돌은 모양이 예뻐서 가공하지 않아도 살 사람이 반드시 있을 것이다. 그 두 개 중에서 인터넷에서도 다결정 금강석으로 이미 알려진 것을 팔아서 꿈꾸는 일을 시작해라."

저는 지금 장군님이 말씀하셨던 두 개를 바라보고 있는데, 그 중 하나가 바로 390캐럿(78그램)인 이것입니다. 두 개 모두 검정 다결정 금강석(카보나도 다이아몬드)입니다. 하나는 점이 있고 하나는 점이 없지만, 두 개가 비슷한 생김새를 갖고 있으며 비슷한 크기입니다. 소설 <이순신 보물>에 의하면 두 개의 금강석 이름은 원래 '신의 눈물방울'이라고 불렀답니다. 그런데 나중에 고대 왕국이 멸망한 다음 우리 지방으로 도망 왔던 조상들은 '신의 눈동자'라고 부르게 되었답니다. 조상들을 처음부터 끝까지 지켜보고 보호하고 인도하시던 신의 눈동자를 연상해서 그렇게 부르게 되었답니다. 그러니까 두 개의 금강석은 한반도 동남쪽에서 가지고 왔던 것입니다. 그러다가 왕족 후손들이 왜구에 의해서 몰살당한 후 이순신 장군님 양녀가 된 그 기생이 소유하고 있다가 이 두 개를 장군님에게 선물로 드렸답니다. 그 후 장군님은 이 두 개를 잠자리 머리 곁에 두셨답니다. 장군님께서 세상을 떠나신 다음 천혜 장군께서 다시 기생에게 되돌려 주었답니다. 기생은 두 개의 금강석을 '장군님의 눈물방울'이라고 불렀답니다. 그리고 세월이 흐르면서 후손들은 두 개의 금강석도 신과 사람이 함께 우는 것임을 강조하기 위해 '신인의 눈물'이라고 불렀답니다. 이때의 사람은 장군님을 의미합니다. 놀랍게도 그 후에 많은 사람이 죽게 된 때에는 두 개의 금강석에서 액체가 흘러나왔답니다. 후손들은 그것을 신인과 장군님의 눈물이라고 생각했답니다.

지금 이 글을 쓰는 순간 전율을 느낍니다. 왜냐하면, 1980년 5월 18일 이후에 고향 동네 대밭이 있는 친구 집에 숨어 있었던 그때 발생했던 것이 기억났기 때문입니다. 그때 친구의 방에서 다친 허리 때문에 움직이지도 못하고 신음하며 있었던 저는 이것들을 두 손에 쥐고 있었습니다. 당시 저는 이것들이 금강석인지도 몰랐습니다. 조상들이 두 손에 쥐고 살았다는 점과 특히 치료효과가 있다는 점을 작은 집 형으로부터 들었기 때문에, 저도 집에 돌아오면 책상 위에 두었던 두 돌을 두 손에 쥐고 살았던 것입니다. 그런데 그때는 두 돌에서 하얀 액체가 흘러 나왔습니다. 상당히 많은 양이었습니다. 당시 저는 그 액체가 손에서 나는 땀이 아니었기 때문에 매우 이상하게 생각했습니다. 그러다가 1984년도 대수술을 받은 다음 완전히 까맣게 잊고 지금까지 살아왔습니다. 45년이 지난 지금 그 액체가 금강석에서 나오는 눈물임을 알게 되었다니! 정말 놀라운 일입니다. 그런데 더욱 놀라운 일은 장군님께서 꿈에서 이렇게 말씀하신 것이 무슨 의미인지를 분명하게 이해하게 된 것입니다.

"신인은 내게 이렇게 말씀하셨다. '나는 네 민족을 위해서 너무 많이 울어서 이제 더 이상 흘릴 눈물이 없다. 이제부터는 네 민족을 위해서는 네가 내 대신 울어야할 것이다.' 칠천량 해전 후에 신인께서 내게 이렇게 말씀하셨기에 그 후 나는 지금까지 계속 울고 있다. 내가 살아 있을 때는 눈물이 말라서 마음으로만 울었고, 내가 죽은 다음에는 눈으로도 울고 있다. 지금도 신께서는 내가 너를 위해 흘리는 눈물을 자신의 눈물처럼 여기시고 계신다."

장군님의 이 말씀을 이해한 저는 지금 1980년 5월에 두 개의 금강석에서 나왔던 액체가 장군님의 것이라고 생각하고 있습니다. 임진왜란 이후부터 '신인의 눈물'인 두 개의 금강석에서 흘러나온 액체는 바로 장군님의 것임을 알게 되어서인지 새벽 4시가 되었는데도 잠들지 못하고 있습니다. 지금 금강석에 있는 골에 끼어 있는 하얀 것을 보고 있습니다. 하얀 것이 그때 흘러나온 눈물이 남아서 된 것일지도 모른다는 생각을 합니다.

사실 고대부터 우리 가문에서 중요하게 여겼던 돌이 여러 개 있었는데 그 중에서도 몇 개는 매우 소중하게 관리해 왔습니다. 방금 제 눈에 호랑이 모습으로 보였던 돌이 그 중에 하나입니다. 그리고 또 몇 개의 돌을 항상 방 안에 두었는데, 그 중에서도 제가 가장 소중하게 보관하고 있는 돌이 있습니다. 바로 이 돌입니다.

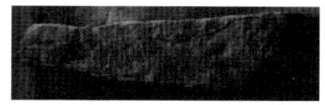

이 돌도 물론 금강석입니다. 인류가 시작되었던 아주 고대로부터 왕 같은 사람들은 이 돌을 가지고 아픈 사람들을 찾아다니며 치료하기도 했답니다. 그때 왕과 같은 사람들은 아픈 사람들의 신음소리를 들었기 때문에 가장 많이 울었고, 어느 순간부터 눈물이 말라버렸답니다. 그래서 그 사람들은 마음으로만 울어야 했답니다. 그래서 나중에 **왕이란 슬피 우는 사람**이란 말이 생겼답니다. 아무튼, 아픈 사람이 꼭 안고 자면 그 다음 날 건강한 모습으로 변했답니다. 저는 최근에야 치료가 왜 발생하는지 분명하게 알게 되었습니다. 바로 **검정 금강석에는 방사선 효과를 내는 물질이 들어 있기 때문**입니다. 제 말이 거짓말처럼 여겨지면 인터넷에서 찾아보시길 바랍니다.

고대 우리 조상들은 이런 돌들을 '벼락의 돌'이라고 불렀답니다. 그런데 나중에는 이런 돌들을 '왕의 돌'이라고 불렀답니다. 우리 조상들 중 왕들이 보관하며 사용했던 돌이었기 때문입니다. 돌도끼처럼 생긴 이 돌을 '왕의 돌'이라고 부른 이유에 관해서는 신인의 가족으로 살고 있는 분들 그리고 금강석으로 치유를 원하는 일본과 필리핀에서 관심을 보였던 몇 사람들에게 다음과 같이 나눴습니다.

LS-D는 왕의 금강석입니다.

- 우리 가문에 전해지는 이야기에 따르면, 최고의 치유력을 가진 다결정 다이아몬드를 산스크리트어로 '금강석'이라고 불렀습니다. 예를 들어, 왕의 돌이라고 불리는 이 금강석은 커다란 돌도끼 모양의 독특한 운석이었으며, 왕의 권위를 상징하기도 했습니다. (사진 참조)
- 우리 조상들은 금강석을 이용하여 다양한 재료를 갈아 도구와 무기를 만들었습니다. 특히 왕은 큰 금강석(도끼 모양의 운석)을 사용하여 병자를 치료했습니다. 이처럼 우리 조상들은 모든 보석 중에서도 금강석, 즉 다결정 다이아몬드가 건강에 가장 좋은 에너지를 제공한다는 것을 경험을 통해 배웠습니다.
- 땅에서 발견된 대부분의 다이아몬드는 다결정이었으며, 왕실의 권위를 상징했는데, 이는 다결정 다이아몬드가 갖고 있는 최고의 치유력과 밀접한 관련이 있습니다.

LS-D is King's Geumgangseog

- According to a story handed down in our family, the poly crystalline diamonds with the best healing power were called 'geumgangseogs' in Sanskrit. For example, this Geumgangseog, which was called the king's stone was a unique meteorite shaped like a large stone axe, and it also symbolized the king's authority. (See photo)
- With geumgangseogs our ancestors ground various materials to make tools and weapons. In particular, the king used his large geumgangseog(axe-shaped meteorite) to treat the sick. In this way, our ancient ancestors also learned from their experience that among all gemstones, geumgangseogs, polycrystalline diamonds, provided the best energy for health.
- Most of the diamonds found on the ground were polycrystalline, and they symbolized the authority of the royal family, and this is closely related to the best healing power that polycrystalline diamonds have.

왕의 돌로 알려진 몇 개의 금강석이 '벼락의 돌'로 불려졌다는 점은 참으로 중요합니다. 현재 금강석이 벼락의 돌이란 점을 아는 사람은 오직 저 뿐입니다. 제가 이 사실을 알게 된 것도 작년 9월 20일 밤에 신인의 특별한 인도함 때문에 가능했습니다. 그때 제가 제

방에 있는 금강석을 보게 된 것도 사실은 제 눈에는 책상 위에 있는 돌에 벼락이 치는 것과 같은 현상이 보였기 때문이었습니다.

1924년도에 썼던 소설 <이순신 보물>에도 기록되어 있지만, 만약에 금강석을 한자로 정확히 쓴다면 霹靂石(벽력석)입니다. 청천벽력(靑天霹靂)의 사자성어에 있는 것처럼 벽력은 벼락의 한자표현입니다. 금강석이 '벼락의 돌'이란 것을 정확하게 이해해야 합니다. 제가 지금 강조하고 싶은 점은 금강석은 벼락을 생각하지 않고는 상상조차 할 수 없다는 의미입니다. 지난번에 손자와 나눴던 내용을 읽어보시면 **'금강석은 벼락의 돌이다.'** 말을 잘 이해하게 될 것입니다.

지난번에 손자에게 집에 있는 몇 개의 돌도끼를 보여주었습니다. 손자는 모든 돌도끼 중에서도 '왕의 돌'이란 이름을 가진 돌도끼를 보며 매우 신기하다고 말했습니다. 저와 손자 대화입니다.

- 이 돌도끼는 특이하게 생겼네요. 다른 것들보다 크고 색깔도 특이하고 무엇보다 모양이 매우 특이해요. 마치 칼로 무를 베어 만든 것 같아요. 돌이 이렇게 생겼다니 정말 신기해요.
- 우리 조상 중 왕들만이 사용하기 시작한 후 이것을 '왕의 돌'이라고 불렀단다. 내가 신인 가족으로 사는 분들과 금강석에 관심을 가진 외국인을 위해 정리한 것이 있는데, 이 부분을 읽어보면 잘 알게 된다. 그런데 그 전에는 '벼락의 돌'이라고 불렀다고 전해졌지.
- 할아버지께서 정리하신 글을 읽기만 해도 이것을 왕의 돌이라고 불렀던 이유를 잘 알겠어요. 그런데 벼락의 돌이란 무슨 의미죠?

제가 손자에게 설명한 내용을 정리했습니다. 우리 조상이 다결정 다이아몬드를 금강석이라고 표현한 것은 지금까지 알려진 것과 다를 수 있습니다. 지금까지 금강석을 이렇게 이해해 왔습니다.

다이아몬드(영어: diamond) 또는 금강석(金剛石)은 천연광물 중 가장 굳기가 우수하며 광채가 뛰어난 보석이다. 주성분은 탄소이며 분자구조상의 차이로 인해 동일한 원자로 구성된 자연 산물인 흑연과는 매우 다른 특성을 가진 보석이다.

그러나 금강석과 다이아몬드는 분명히 차이가 있습니다. 모든 곳에서 두 용어가 같다고 설명하는데, 차이점을 잘 설명한 곳을 찾았습니다. https://basecamp-sense.tistory.com/5615

금강석과 다이아몬드는 동일한 물질을 지칭하지만, 일반적으로 사용되는 맥락에서 차이가 있습니다. 금강석은 다이아몬드의 자연 상태를 강조하며, 보석으로 가공되기 전의 원석을 떠올리게 합니다. 반면, 다이아몬드는 보석으로서의 완성된 형태를 더 자주 의미하며, 반지, 목걸이와 같은 주얼리로 가공된 상태를 떠올리게 합니다.

또한, 다이아몬드는 현대 산업과 보석 시장에서 주로 사용되며, 고급스러움과 영원성을 상징합니다. 금강석이라는 용어는 자연과학적, 전통적인 맥락에서 더 많이 쓰이며, 다이아몬드가 지닌 과학적 특징과 희소성을 강조합니다. 이처럼 용어의 선택은 사용하는 사람의 관점이나 맥락에 따라 달라질 수 있습니다.

이런 내용들도 금강석을 이해하는데 큰 도움이 될 것입니다. 그러나 이런 내용들도 금강석이 무엇인지를 정확하게 전달해주는 것은 아닙니다. **금강석을 '벼락의 돌'로 부르거나 '신인의 눈물'로 부르는 이유를 아는 사람은 우리 조상들뿐이었습니다.** 제가 소설 <이순신 보물>을 기억한 다음 금강석이란 이름이 왜 생겼는지를 알리는 것이 매우 중요하다고 생각하게 되었습니다.

인터넷에 범어로 금강석을 무엇이냐고 물으면 AI가 이렇게 답합니다. : 금강석은 범어로 "바즈라(vajra)"로 번역되며, 이는 "벼락" 또는 "번개"를 뜻하는 말입니다. 금강석은 가장 단단한 물질인 다이아몬드처럼 견고함을 나타내는 상징으로 사용되기도 합니다.

그런데 사실 금강석의 금강이란 단어는 다른 것입니다. 다음의 설명을 보십시오. : **와즈라체디까(Vajracchedikā)의 한자 번역은 벽력능단금강(霹靂能斷金剛)이 적절하다**고 생각할 수 있는데, 어쨌든 구마라집은 금강(金剛)으로 번역했다.

'바즈라'는 '벽력'이기에 **금강경이 아니라 '벽력경'이 맞다**고 주장하는 글도 있습니다. 이제 제가 소설 <이순신 보물>에서 본 내용을 이야기해 드리겠습니다.

고대 우리 조상들이 금강석이라고 부른 것은 벽력(벼락)이 능히 절단할 수 있는 돌임을 강조하기 위함입니다. 고대 조상들에게는 벼락이란 신의 행동을 의미했습니다. 고대 조상들이 검정 금강석이 만들어지는 과정을 보았는데, 그때 천둥벼락이 치고 하늘에서 돌이 떨어졌던 것입니다. 하늘에서 떨어진 돌들은 생김새도 특이했습니다. 마치 칼로 조각하는 것과 같은 형태의 돌이 제일 많았습니다. 아무튼 조상들은 벼락이 금강석을 그런 형태로 만들었다고 생각했습니다. 그래서 생긴 말이 **와즈라체디까(Vajracchedikā)**였습니다. 이것을 한자 번역하면 **벽력능단금강(霹靂能斷金剛)**입니다. 고대의 조상들은 우리 가문에 있는 조각된 것처럼 보이는 금강석들을 처음에는 벽력능단금강석(霹靂能斷金剛石)이라고 불렀답니다. 이렇게 불렀던 이유는 벽력이 특별한 형상의 돌을 만들었음을 강조하기 위함이었답니다. 즉 신이 만든 돌 즉 신의 돌이란 의미입니다. 그런데 너무 길게 느껴져 나중에 금강석이라고 불렀답니다. **따라서 금강석은 가장 단단하다는 의미가 아니라 벼락이 만들었음을 강조하기 위함이었습니다. 벼락이란 신을 상징한 단어였습니다.**

금강경이란 말도 동일한 의미였습니다. 원래 벽력능단금강경(霹靂

能斷金剛(經)이었는데 그냥 짧게 금강경이라고 불렀답니다. 금강경이란 말은 누군가 스스로 깨달은 것이 아니라는 점을 강조하고 있었답니다. 벼락이 능히 절단할 수 있다는 의미는 신이 새로운 지혜를 주는 것을 잊지 마라는 의미였답니다. 그런데 원래의 의미를 상실한 사람들은 금강경은 깨뜨릴 수 없는 지혜라고 생각하게 되었습니다.

금강경이나 금강석이나 모두 강조한 것은 벼락이었습니다. 사실 금강경과 금강석을 중요하게 여긴 사람들은 고대 인도에서는 모두 왕족이었습니다. 나중에 왕족 중에서 출가한 사람들이 생겨서 왕족보다 위인 부라만 승려계층이 생겼고 그 계층의 억압 때문에 왕족인 크샤트리아 계층은 한반도 동남쪽으로 이주했던 것입니다. 아무튼, **원래 금강경과 금강석은 모두 벼락이 능히 깨뜨릴 수 있음을 잊지 마라**는 의미였답니다. 그래서 고대 조상들은 금강석을 '벼락의 돌' 혹은 '신인의 돌'이라고 불렀답니다. 그런데 나중에 한반도로 온 조상들이 금강석을 '신인의 눈물'이라고 부르게 되었답니다. 그 이유를 소설에서는 자세히 설명하고 있습니다. 특별한 고통의 때에 조상들이 보관했던 금강석들은 이상한 액체를 품어 냈답니다. 심지어 어떤 금강석은 핏빛의 액체를 품어 내기도 했답니다. 조상들은 그 액체가 바로 고통당하고 있는 자신들을 품고 신이 함께 우신다고 생각했답니다. 그래서 **신이 인간을 품고 함께 울어서 눈물을 흘리는 돌이란 의미로 금강석을 '신인의 눈물'이라고 불렀던 것입니다.**

저는 인터넷에서 카보나도 다이아몬드를 전문으로 연구했던 사람이 올린 사진들 중에 빨간 액체와 비슷한 것을 찍어 올린 것을 보고는 깜짝 놀랐습니다. 소설의 기록처럼 검정 금강석은 빨간 액체가

지 품어냈기 때문입니다. 인터넷 사진을 여기 소개하면 좋겠지만, 올린 사람이 어느 곳에서도 사용하는 것을 금지해 놓아서 소개하지 못합니다. 궁금하시면 인터넷에 검색해 보시길 바랍니다.

  우리 가문에서 금강석을 '신인의 눈물'이라고 부르는 이유는 또 있습니다. 바로 기생과 기생의 딸 때문입니다. 두 사람이 가장 고통스러워했을 때에 항상 품에 안고 있었던 금강석들이 함께 울어주었기 때문입니다. 소설에 의하면 두 사람과 함께 금강석들도 울음소리를 내기까지 했답니다. 두 사람이 너무도 비참하게 우는 모습을 보았던 금강석들도 따라서 울었기 때문에 두 사람이 방안에 있던 여러 금강석을 신인의 눈물이라고 불렀답니다.

  이제 도요토미 히데요시가 1587년 7월 24일에 선교사 추방령(Bateren-tsuiho-rei)을 내린 것과 마리오 신부가 기생을 살린 것이 어떤 관계가 있는지 말씀드리는 것이 좋겠습니다.

1587년을 기점으로 기독교에 대해 일본은 '신국'임을 표방하면서 바테렌(伴天連, 선교사) 추방령을 내렸다. 도쿠가와 막부의 금령 전까지는 묵인 하에 선교가 지속되었고, 이후에는 지하 교회를 하면서 신앙을 받아들이게 되었는데, 막부 말기까지 이르게 된다. 바테렌 추방령과 도쿠가와 금령에 의해 기독교는 일본에서 반체제의 위치로 전락하고 말았다.

  달리 말하면 이런 추방령은 기생과 밀접합니다. 사실 저의 <이순신보물>을 읽고 가장 많은 질문이 기생에 대한 것이었습니다. 이제 기생에 관해서 이야기해야겠습니다. 기생은 우리 조상입니다. 사실 어느 가문이든 밝히기 어려운 부분을 갖고 있습니다. 우리 가문도 밝히기 쉽지 않는 여러 부분이 있습니다. 그 중 하나가 족보에 기록

될 수 없는 사람들의 이야기입니다.

가장 먼저 말씀드리고 싶은 것은 기생이 마리오 신부의 아이를 가졌다는 사실입니다. 제가 소설 <이순신 보물>을 보면서 가장 충격적인 내용 중 하나가 마리오 신부의 아이가 세상에 태어나게 된 과정이었습니다. 초등학교에 들어가기 전 아주 어린 제가 도저히 이해할 수 없는 내용이었습니다. 마리오 신부는 성불구자이였습니다. 마리오 신부가 아주 어릴 때 성불구자가 되었습니다. 소설에는 아주 구체적인 묘사까지 기술되어 있었습니다. 한 마디로 성기가 전혀 발기 될 수 없는 몸을 갖게 되었습니다. 그래서 마리오 신부는 신부가 되는 것을 자신의 운명처럼 생각했습니다. 그런데 기생을 살리려는 그때 성기가 제 역할을 했던 것입니다. 마리오 신부가 왜장에게 기생을 술과 잠자리 시중을 들게 하지 말고 그냥 살려주는 것이 좋겠다고 제안하자 왜장이 마리오 신부에게 말했습니다.

"신부님이 이년과 결혼식을 행하면 내가 살려 주겠소. 이년과 합방하는 광경을 직접 내 눈으로 보면 신부님 말대로 하리라."

그래서 마리오 신부는 기생과 결혼식을 하고 신혼 방에 들어갔습니다. 그러나 마리오 신부는 성 불구자였기 때문에 기생과 성행위는 할 수 없었습니다. 방에서 지켜보던 왜장이 말했습니다.

"신부님께 말씀드린 합방이란 것은 성행위까지 포함된 겁니다. 성행위를 하지 않으면 기생은 내 시중을 들어야만 합니다. 시중을 들지 않으면 죽이겠습니다."

그런데 놀랍게도 아주 어린 시절부터 발기가 되지 않았던 성기가 그때 발기되기 시작했습니다. 그리고 마리오 신부와 기생은 왜장이 보는 가운데 성행위를 시작했습니다. 물론 왜장은 성행위가 시작되는 순간 방 밖으로 나갔습니다. 저는 이런 내용을 중학교 1학년 때도 읽으면서 정말 이해하기 힘들었습니다. 어떻게 아주 어린 시절부터 발기되지 않던 성기가 그 순간 발기될 수 있었는지 지금도 도저히 이해가 되지 않습니다.

제가 1984년 고문당하고 수술을 받았던 과정에서 많은 기억을 잃어버렸을 때 마리오 신부의 아이에 관한 내용도 완전히 사라져버렸습니다. 그런데 작년 2024년 4월 28일 이후 소설의 내용이 점점 기억나기 시작하면서 깜짝 놀랐습니다. 왜냐하면 제가 소설 내용을 완전히 망각한 상태에 있던 2022년도 <막내공주 다일라>란 소설을 썼는데, 소설에 마리오 신부의 아이 이야기가 기록되어 있기 때문입니다. 지금 제가 2022년도에 기록한 <막내공주 다일라> 내용이 무엇인지 곧 책으로 출판해야겠다는 생각을 합니다. 방금 기생과 관련해서 말씀드린 내용을 지난해 10월 8일에 큰아들에게 해 주었고, 아래의 내용은 제가 큰아들에게 2024년 10월 11일에 나눈 대화를 나중에 소설에서 사용하기 위해 녹취한 것입니다.

기생이 우리 조상 중에 있었음을 아는 사람은 없다. 족보 중에 기생이라고 기록한 내용도 없다. 사실 내가 살고 있는 이곳에 기생이 살았는지에 대해서도 아는 사람도 없다. 그러나 우리 가문의 피에 기생의 피도 흐르고 있다. 기생의 피가 구체적으로 어떻게 우리 가문 안으로 흘러 들어오게 되었는지 나도 자세히는 모른다. 단지 작은 집 형이 보여준 소설 <이순신 보물>에 기록된 내용과 소설을 설명해 주었던 작은 형의 말을 통해서 정리했을 뿐이다.

내가 어린 시절 교회모임에 참석한 다음 마태복음을 읽고서 기생 **라합**에 관해서 알게 된 다음 모든 족보는 비슷하다고 생각했다. 물론 성경의 기생과 우리 역사의 기생은 좀 다르지만, 나는 두 기생을 생각하면서 많은 것을 정리할 수 있었다. 가장 중요한 것은 세상 모든 사람의 피는 같다는 점이다. 좀 더 고귀한 피나 좀 더 저급한 피란 없다. 모든 가문의 조상을 조사해 보면 누구에게도 자랑하고 싶지 않는 조상이 한 명 정도는 있기 때문이다. 나는 우리 조상 중에 기생이 있었다는 사실을 숨기고 싶지 않다. 비록 호적에도 올라갈 수 없었지만, 기생은 우리 조상에 속해 있음이 분명했다. 마리오 신부의 도움으로 구사일생으로 살아났던 기생은 우리 마을 지금 아빠가 살고 있는 작은 할머니 집 바로 옆집에 와서 살게 되었다. 아빠가 살고 있는 작은 할머니 집 바로 옆집은 지금은 터만 남아 있는 우리 가문이 6대째 살았던 곳이다. 너도 어릴 때 몇 번 가봐서 잘 기억하고 있을 것인데, 기생이 와서 살기 시작했던 그곳 처소는 나무와 짚으로 만든 작은 움막이었다. 그리고 지금 작은 할머니 집은 그때 황토 굴이 있던 자리였다. 그 자리는 나중에 기와집이 세워질 때 부엌 안쪽이었는데, 그 안쪽 굴에 많은 금강석이 있었다. 물론 그 안쪽을 아는 사람은 현재는 아빠뿐이지. 그 안을 볼 수 없게 만들었으니까. 집을 지을 때 그 많던 금강석 대부분은 어느 곳으로 옮겼단다. 그곳이 어디인지 아직 모른다. 아무튼 귀국하면 남아 있는 금강석들을 다른 곳으로 옮겨 놓을 것이다.

**　저는 귀국한 직후 남아 있던 모든 금강석을 시인의 가족들만 아는 여러 곳에 분산해서 옮겨놓았습니다. 그런데 누구인지 몰라도 저의 시골집에 금강석이 있다고 생각해서인지 귀중품이 있다고 생각해서인지 도끼로 문을 부수고 들어가서 온**

집을 뒤집어 놓았습니다. 그래서 저는 여기저기 은밀한 곳에 녹화시설을 해 두고서 지금도 살펴보도록 하고 있습니다. 왜냐하면, 저를 잘 아는 사람이 그렇게 할 수 있기 때문입니다. 혹시 또 그런 사람이 있다면 그 사람에게 금강석을 탐하지 말고 저의 공동체에 참여하라고 권면하기 위함입니다. 그 사람의 탐심 때문에 그 사람이 속한 가문이 완전히 멸망할 수도 있음을 잘 알기 때문입니다.

저는 '여러 개의 저주의 다이아몬드'를 잘 알고 있습니다. 금강석을 탐했던 사람들의 여러 가문이 멸망했고 심지어 제국들도 망하게 했던 다이아몬드들이 있습니다. 모든 저주의 다이아몬드는 반드시 어떤 공동체를 무너뜨린 그 사람 때문에 생긴 것입니다. 혹시 어떤 사람이 신인의 금강석을 탐하는 마음으로 살아서 우리 공동체에 치명적인 타격이 생기고 그 사람 가문이 멸망하지는 않을까 걱정되기 때문입니다. 저는 우리에게 있는 여러 금강석을 우리의 것만이 아니고 앞으로도 만날 신인의 모든 가족의 것이라고 생각하며 살아가고 있습니다. 저희 신인 가족이 되시면 모든 금강석을 공유하는 공동체로 살 수 있습니다. 단 신인의 말씀대로 살아가는 사람만 신인 가족이 될 수 있습니다. 저희는 지금도 그런 사람들을 얼마든지 환영하고 있습니다. 우리는 적어도 24가문의 자손들이 모두 억만장자 가정으로 살 수 있도록 도울 구체적인 계획을 세웠습니다.

우리 공동체가 앞으로 세울 회사에서 함께 일하는 사람들은 공동체가 세운 공공 건물에서 함께 살면서 모든 것을 공유합니다. 투자만 하는 사람들은 10년 후에 10배를 약속합니다. 이 책 한 권을 사서 보았던 사람이 지인들에게 10권을 선물했다면 내년 4월 28일 이순신 장군님 생신 기념일 행사에 참여할 특권을 드립니다. 그 행사는 특별한 행사가 될 것입니다. 제가 이렇게 장담한 것은 바로 2025년 5월 12일 오늘도 사업의 파트너이신 장 회장님과의 통화내용을 들었기 때문입니다. 장 회장님은 이미 수천억 사업을 하시는 분입니다. 신인께서 주신 금강석 사업은 수조 그 이상의 사업입니다. 이 글을 02시가 되는 지금 여기 쓴 것은 나중에 이 글이 약속증서로 남기려고 한 것입니다.

제가 지금 앞장서서 진행하고 있는 금강석 치유와 주얼리 사업은 신인의 사업입니다. 지금도 신인 인도하심만 간구합니다.

나는 어떤 사람이 지금 어떤 형편에 있다고 해서 그런 형편이 원래 그 사람의 형편이었다고 생각하는 것은 매우 위험하다는 사실을 중학교 1학년 때 분명히 알았다. 이것을 분명히 알게 된 것은 바로 기생의 출생을 알고 난 다음이었다.

세상에 어느 누구도 기생으로 태어나지 않는다.
세상에 어느 누구도 노예로도 태어나지 않는다.
단지 악마를 따른 사람들이 그렇게 만들뿐이다.

나는 소설 <이순신 보물>에서 중학교 1학년 때 보았던 문장을 최근에 다시 똑똑히 기억한 다음 이렇게 기록해 놓았다. 사실 기생의 집안은 원래 왕족이었다. 한반도 남동쪽에서 왕족으로 살았던 그녀 조상은 현재 우리 마을로 도망해야만 했다. 역사에 기록된 내용이 있는지 모르지만, 다른 왕조가 들어서자 그 왕조의 핍박을 피하기 위해서 도망해야만 했다. 그때 새로운 왕조에 의해서 수많은 사람이 죽임을 당했던 그녀 조상들은 우리 고장 여러 곳으로 도망해 왔는데, 왕의 집안은 우리 마을 뒷산으로 피신해서 임시처소를 마련한 다음 생활해야만 했다. 당시 벼를 심어야 할 때였는데 논과 밭이 없었던 그녀 조상은 산에다 벼를 심었다. 흥미로운 것은 그녀 조상은 인도에서 한반도 동남쪽으로 올 때 최초로 산에다 벼를 심었는데, 그때 그녀 조상은 그것을 '**산도**'(山稻)라고 불렀고 나중에 '**산두**'라고 불렀다. 인도에서 부라만 계급을 피해서 도망하여 왔던 때도 산도를 심어 벼를 재배해서 살아남았던 것처럼, 우리 마을에 온 그녀 조상들 역시 산도를 심어 벼를 재배해서 살아남을 수 있었다. 나는 소설 <이순신 장군>을 완전히 기억하면서 산도를 더 자세히 알게 되었고 나중에 여러 자료를 찾아 자세히 정리하게 되었다. 언어 전문가들조차 산도가 변해서 산두임을 모르기 때문에 '밭벼'의 방언으로만 이해한다. 그러나 밭벼는 세상 여러 곳에서 지금도 재배하는 농법이지만, 산두는 오직 우리 조상들이 위급할 때 살아남기 위해 사용했던 '마지막생존농법'이었다.

아무튼, 시대가 거듭되고 세상이 바뀌지면서 그녀의 조상이 동남쪽 왕국에서 도망 온 것도 잊게 되었다. 그렇게 핍박을 피하여 우리 동네로 도망 왔던 그녀의 조상은 이전에 살고 있던 사람들과 조화를 이루며 살았다. 물론 그녀 조상은 우리 마을 중심지가 아닌 마을 뒷산 **배이산** 입구에 터를 잡아야만 했다. 우리 가문에 남아 있는 여러 돌도끼가 증명하듯 신석기 시대부터 마을이 형성되었던 우리 마을에는 기존부터 살아왔던 사람들이 터주 대감 노릇을 했었다. 그래도 외지에서 온 사람들을 받아 들일 아량정도는 있었는지 그녀의 조상은 산 입구에 집을 지었고, 그 주위를 밭으로 만들어 살았다. 물론 그녀 조상은 몇 가지 값진 물건들을 가지고 그 지역 사람들과 교환해서 산과 밭을 마련했다.

   왕족으로 살았던 그녀 조상은 이제 촌부로 살아야만 했다. 그렇게 몇 대를 이어서 우리 마을 뒤편에서 그녀 조상의 후손은 점점 많아졌다. 그리고 12명으로 시작되었던 그녀의 가문은 마침내 48가구 300명이 넘게 되어 하나의 동네가 이루어졌다. 그러나 양식을 강탈하려는 왜적의 침입을 당했던 그 때, 그녀가 살고 있던 산위 동네의 사람들이 그들과 싸우다가 몰살당했다. 그때 그녀의 부모님과 2명의 오빠도 살해당했고 이제 혼자 남은 그녀는 왜적의 손에 잡혀 끌려가게 되었다. 그런데 그때 관군들이 장양 항구 뒷산에 매복해 있다가 왜구를 몰살시켰다. 그런데 나중에 밝혀진 사실은 그때 장양항에서 몰살당한 놈들은 도적 떼였데. 그놈들은 왜놈 병사들 복장을 하고 양식을 약탈하여 왜놈 진영으로 가려고 했데. 더 조사해봤더니 그놈들은 10년 전부터 조선에 들어와서 살고 있던 왜구들이었데. 일본이 조선을 침략했다는 소식을 들은 다음 양식을 약탈한 다음 왜놈 장수를 찾아가려고 장양항을 통과하려다가 몰살당했데.

아무튼 그들에게 잡혀서 배 밑에 있던 그녀를 구출했다. 그리고 그녀를 관청으로 데리고 갔다. 돌아갈 집도 없게 된 그녀는 이제 살기 위해서는 관청 기생이 되는 길밖에는 없었다. 그렇게 16살에 관청 기생으로 살기 시작했는데, 재능이 탁월해서 그녀를 보았던 관원의 눈에 띄게 되었다. 그 관원은 그때 경상지역에서 높은 지위에 있었는데, 전라도 쪽에 공무 차 왔는데, 그녀를 보고는 그곳 담당자에게 자신이 그녀를 보살피고 싶다고 말했다. 그렇게 해서 그녀는 경상도로 가게 되었다.

기생이라고 말하면 오늘날 사람들은 관청 지도자들의 성적 노리개로만 생각하기 쉽지만 항상 그런 것은 아니었다. 그 당시 그녀는 16살이었는데 그녀가 경상도에서 온 관원의 눈에 들게 된 것은 특별한 이유가 있었다. 그 관원에게 딸이 있었는데 기생이 자신의 딸과 매우 비슷하게 생겼고, 특히 기생의 노래와 악기 타는 솜씨가 자신을 사로잡았던 것이다. 그런데 관원의 딸은 말을 할 수 없었는데 기생이 탔던 악기를 매우 배우고 싶어 했다. 그래서 그 딸은 어려서 그 악기를 배워서 조금은 탈 수 있었다. 사실 경상도에서 온 관원은 기생이 자신의 딸에게 그 악기를 가르쳐주길 원했던 것이다. 그래서 그 관원은 기생을 경상도로 데리고 가서는 자신의 딸처럼 생각하고, 그녀가 기생임에도 불구하고 수청을 들지 않도록 했고, 부하들에게도 '그녀만은 내 딸처럼 대하라'고 명령했다.

임진왜란이 일어났고 세월이 흘렀다. 16살에 기생이 되었던 그녀가 22살이 되던 때였다. 그 해는 칠천량 해전이 있었던 때였다. 그 해에 이순신 장군이 모함을 받았고 원균이 그 해전에서 대패하고 말았던 것을 너도 잘 알고 있지. 그때 원균이 대패하고 난 다음 왜군은 경상도 지역을 초토화시키고 전라도 쪽으로 진군하기 시작했지. 그런데 칠천량 전투가 있기 몇 달 전에 그녀가 기생으로 있던 그곳이 가장 먼저 왜군에 의해서 초토화가 되었고, 그녀와 함께 있던 모든 기생들은 왜군의 포로가 되고 말았지. 물론 왜군 장교들은 기생들에게 수청을 들라고 명령했지. 수청을 들라는 것은 잠자리 시중도 들라는 의미지. 다른 기생들은 수청을 들었지. 그러나 그녀는 수청 들기를 거절했지. 그러자 왜장이 그녀를 죽이라고 명령했지. 그때 무슨 일이 있었는지는 며칠 전에 이미 말했지.

그 후 명량해전이 있기 전에 이순신 장군께서는 낙안읍성에 오셨지. 순천을 거쳐 낙안읍성에 오신 이유는 군사들이 먹을 식량을 얻기 위함이었지. 그런데 낙안읍성에서 마리오 신부를 만나게 되었지. 장군께서는 자신이 그곳에 온다는 소문을 들었던 마리오 신부가 기생을 동반하고 그곳에 먼저 와서 기다리고 있었음을 알았지. 그리고 장군께서는 마리오 신부가 기생을 왜군의 본거지에서 어떻게 살아 나올 수 있었는지를 알게 되었지. 기생을 데리고 왔던 마리오 신부의 생김새는 이국적이면서도 조선의 냄새가 났지. 장군께서는 조선의 냄새를 풍기는 그 무엇인가가 신부에게 있음을 직감했지. 장군께서는 마리오 신부로부터 한자로 번역된 성경도 선물을 받고 신인에 관한 설명도 들었지. 대화를 하면서 마리오 신부 조상 역시 한반도 동남쪽 왕가였음을 알게 되었지. 마리오 신부와 기생은 같은 조상을 가진 거지.

기생인 그녀를 데리고 왔던 사람이 신부였다는 내용을 읽을 때 아빠는 충격을 받았지. 왜냐하면, 나는 그때 신부에 대해서 좋지 못한 선입관을 갖고 있었기 때문이지. 나는 그때 1200년 조금 지나서 신부들은 결혼할 수 없다는 법을 신부들 지도부에서 만든 이유를 잘 알고 있었지. 신부들이 성적으로 타락해서만 아니라 신부들이 자신들 자식들에게만 중요한 자리를 물려주는 악습을 만들었기 때문이지. 아무튼, 마리오 신부가 장군을 만나고 다음 전투에서 승리하면 기생이 살고 있는 집에 오셔서 기생을 돌봐달라고 간청했지. 마리오 신부는 장군님께 기생을 딸처럼 돌봐 달라고 간청했지. 장군께서는 마리오 신부가 기생을 어떻게 살렸는지를 이야기 듣고는 간청대로 기생을 딸처럼 여기겠다고 약속했지. 그러자 마리오 신부가 그때 그 자리에서 기생을 양녀로 삼아달라고 간청했지. 그래야만 자신이 조국으로 돌아갈 수 있을 것 같다고. 장군께서는 마리오 신부와 많은 대화를 나눈 다음 신부의 진심을 알았기 때문에 기생을 수양딸로 삼았던 거지.

　마리오 신부는 우리 고향 집으로 기생을 데려다 놓고는 자신의 나라로 돌아갔지. 나는 그때 소설을 읽으면서 마리오 신부가 기생과 함께 살았으면 좋겠다는 생각을 했지. 그러나 그 시대에는 왜군을 따라왔던 신부가 조선에서는 결코 살 수 없었던 거지. 그때는 낙안읍성 사람들이 마리오 신부를 받아들였기 때문에 마리오 신부가 그곳에서 자유롭게 활보할 수 있었지만, 전쟁이 끝나고 나면 상황은 어떻게 변할지 아무도 몰랐지. 마리오 신부는 자신 때문에 기생도 화를 당할 수 있다고 생각해서 자신의 나라로 떠나갔던 거지.

　아무튼 칠천량 해전이 있기 전에 기생이 살고 있던 지역에서 대

승한 왜군이 관청 안으로 들어오자 잡히지 않으려고 도망을 가려고 애썼지. 언어장애가 있는 관원의 딸과 함께 도망가려고 했지. 그런데 성벽을 타고 넘으려다가 성벽 위에서 떨어져 왼쪽 다리를 심하게 다치고 왼쪽 팔도 부러지고 말았지. 왼쪽 다리가 절뚝거리게 되고 또 왼쪽 팔이 부러져 그 후 왼쪽 부분을 쓸 수가 없게 됐던 거야. 한마디로 반신 불구가 된 거지. 그래서 그 후 한 손만 사용하면서 살아가야 했지.

어쨌든 기생을 우리 고향 집에서 살도록 했고, 그 집에서 그녀가 살고 있을 때 장군께서는 음력으로 9월 24일 말을 타고 그녀의 집을 방문하고 그녀의 집 옆에 있는 황토 굴에서 하룻밤을 지내시기도 했지. 난중일기에는 장군께서 그날에 낙안을 방문한 것으로 기록되어 있는데, 바로 그날 밤에 황토 굴 안에 여러 금강석으로 만든 침대에서 주무셨지. 장군님과 동행했던 서자들과 친구들 4명은 그 밤에 그녀를 위해서 작은 우물을 파주기도 했지. 그 우물의 흔적이 지금도 고향 집에 남아 있는데, 나는 우물을 '장군들 샘'이라고 부르지. 어쨌든 그 우물은 기생을 위해서 말들을 타고 장군과 함께 왔던 사람들이 팠던 거지. 기생은 그 샘물에서 물을 쉽게 길러서 먹을 수 있었기 때문에 생활하는 데 많은 도움을 얻게 된 거지. 기생이 어떻게 해서 신부 도움을 받아 살아나게 되었는지, 그 후 어떻게 살다가 세상을 떠나게 되었는지, 소설 <이순신 보물>에 자세히 기록돼 있어. 전에는 내용 대부분을 기억하지 못하고 있었는데 4월 28일부터 모든 내용이 생생하게 기억났지. 다시 기억한 내용을 어떻게 기록하는 것이 최적일까 지금까지 생각중이지. 아무튼 장군님은 두 사람이 살아남을 수 있었던 내용을 들으면서 많은 생각을 했지.

기억을 담는 뇌가 정말 신비하게 생각된다. 몇 년 전에 <막내공주 다일라>라는 소설 하나를 썼는데, 과거 기억을 그렇게 많이 상실된 상태에서도 이 소설에서 기생과 마리오의 일생이 투영되어 있음에 스스로 놀랐지. 내가 쓴 소설이지만 내가 봐도 재미있지. 이미 조금 전에 네 메일로도 보내는데 읽지 않았으면 한 번 읽어 보렴.

아무튼 이런 내용들을 내가 쓸 수 있었다니, 참 신기하지. 신부의 이름이 마리오임을 잊어버렸는데도, 마루라는 이름을 사용하였음을 보면서 기억이 무엇일까 많이 생각했지. 아무튼, 마리오 신부가 기생을 살리기 위하여 기생과 동침을 한 거지. 자기 신부의 자격이 박탈될 걸 알면서도 기생과 동침함으로 기생을 살렸지. 그리고 그날 밤에 기생이 아이를 가지게 되는데 그 아이의 후손이 바로 우리 조상과 연결되어 있는 거지. 기생의 후손이 우리 조상이 됐으니까 기생도 우리 조상이 됐잖아. 그리고 마리오 신부도 족보상 외가 쪽으로 우리 조상이 된 거지.

그리고 아주 중요한 내용이 있지. 일본에서 천주교가 박해를 당하게 된 것이 마리오 신부와 연결되어 있다는 거야. 마리오 신부가 기생을 살린 후 몇 일 후에 일본에서 유명한 신부가 추방을 당했지. 그 후 천주교가 심하게 박해를 당했지. 소설에는 마리오 신부가 기생을 살리기 위해 동침하던 그 밤에 도요토미 히데요시 꿈에 신인이 나타나 이렇게 말씀하셨다고 기록되었어.

너는 곧 죽게 되고 너의 군대는 반드시 패하게 된다. 너의 나라는 결코 조선을 이기지 못한다. 미래에도 이 법칙은 변하지 않는다.

도요토미 히데요시 꿈에 신인이 처음으로 나타났는데, 이렇게 말씀한 것 때문에 천주교 대표 신부를 추방하고 박해를 시작했데. 그때 모든 사람이 이해한 것에 의하면, 신인이란 천주교가 전했던 예수님이기 때문이지. 소설에 의하면 마리오 신부가 기생과 성행위를 하라고 강요당할 때 큰 소리로 이런 기도를 했데. 방에 있는 왜장만 아니라 밖에서 지켜보는 모든 장수들의 귀에 들릴 수 있도록.

"신인이신 예수님, 속히 이 극악한 전쟁을 끝내주시길 바랍니다."

그때 신부의 몸이 갑자기 회복되었고 기생과 동침할 수 있었데. 그리고 동침하는 그 시간에 신인은 도요토미 히데요시의 꿈에 나타나 말씀하셨다는 거지. 사실 이런 내용 때문에 소설 <이순신 보물>은 출판되자 말자 금서가 되었지. 1924년도에 '마루'라는 저자 이름으로 출판되었는데 일제가 출판한 모든 책을 불태워버렸데. 저자이신 작은 할아버지께서 일본헌병이 출판사로 들어올 때 몇 권을 숨겼는데, 그 중 한 권이 우리 집에 숨겨 두었던 거지.

기생과 기생의 딸은 피눈물을 흘리면서도 금강석을 항상 품고 청나라에 가버린 천혜와 무심을 기다리며 있었지. 그들의 신음소리 때문에 그 전에는 금강석을 '벼락의 돌'과 '신의 눈물'로 부르다가, 그때부터는 '신인의 눈물'로만 부르게 되었지. '신인의 눈물'은 금강석에서 나오는 액체가 신과 사람들이 함께 흘리는 눈물을 의미하면서 동시에 금강석을 의미하지. 1990년도에 아빠가 유학을 오면서 몇 개의 '신인의 눈물'을 이곳으로 가져왔지. 그 후 지금까지 너희들 주위에 항상 있었지. 바로 책상 위에 있는 이것들이지.

피눈물도 감사

지금
눈물 한 방울이라도 흘릴 수 있다면 감사하겠습니다.

눈물을 흘릴 수도 없는 사람도 있습니다.
눈물을 흘려서는 안 되는 사람도 있습니다.
눈물을 흘리면서도 숨겨야 하는 사람도 있습니다.
눈물을 흘리고 싶지만 나오지도 않는 사람도 있습니다.
눈물을 마냥 흘릴 수 있음도 큰 복입니다.
눈물을 끝없이 흘릴 수 있음은 최고 큰 복입니다.
눈물을 계속 흘리면서 써둔 글들을 보고 있습니다.

제가 소설 <이순신 보물>에서 보았던 많은 글 중에서 가장 궁금했던 것은 이것이었습니다. 사실 저는 이 글을 <상사병>이란 소설에 써 두었습니다. 제가 9년 전에 이 글을 쓸 때는 제가 창작한 글로 생각했습니다.

♡ 영원의 빙점

그리움이
시계 속에 갇혀 종일 시계 소리만 내고

골방에 갇혀 종일 가슴 앓는 소리만 낸다.

그리움이
빛이라면 등불을 켜고
노래라면 목을 녹아 부를 텐데.

등불을 켜고 노래를 불러도
그리움은
영원의 빙점으로 꽃핀다.

사실 이 글은 청나라에 가서 돌아오지 않는 낭군을 기다렸던 사람의 것입니다. 이 글의 주인공은 바로 마리오 신부의 딸입니다. 마리오 신부에 의해 생명을 건졌던 기생은 마리오의 딸을 낳았습니다. 기생의 딸 이름은 연화였습니다. 본명은 따로 있었지만 그녀의 이름이 연화로 불리게 된 것은 그녀를 사랑했던 남자가 그녀를 그렇게 불렀기 때문입니다.

원래 연화는 훗날 백제의 근초고왕이 되었던 왕자의 애인의 이름이었습니다. 왕자가 근초고왕이 되기 이전에 연화는 당나라에서 요구한 정략결혼 때문에 당나라로 가게 되었습니다. 당시 왕자였던 근초고왕이 결혼을 약속했던 연화와 헤어질 때 금강이 보이던 곳에서 이렇게 작별인사를 했습니다.

연화, 그대는
어느 곳에서
누구와 함께 있든지
영원히 나의 연인이야.

이 문장은 백제가 멸망할 때에 우리 마을로 피신했던 계백 장군의 혈육에 의해서 알려진 것입니다. 기록에는 계백 장군의 혈육이 사라졌다고 하지만 소설 <이순신 보물>에서는 기생의 딸을 사랑했던 사람은 계백 장군의 몇 십대 후손이었다고 기록되어 있습니다. 그 사람 본명은 무엇인지 모르지만, 별명은 유명했습니다. '무심'(無心)이라는 별명을 가졌던 그 사람은 천혜 장수처럼 쌍칼을 매우 잘 사용했는데 나중에 천혜 장수와 함께 청나라에서 유명한 장수가 되었습니다. 사실 그 사람이 칼을 잘 사용하게 된 것은 천혜 장수 때문입니다. 기생과 천혜 그리고 연화와 무심에 대해 할 이야기가 많지만, 나중을 기약하고 그들의 이야기는 여기까지만 해야겠습니다. 꼭 알려드리고 싶은 내용은 기생과 연화는 청나라에서 돌아오지 않는 두 사람을 죽는 순간에도 기다렸습니다. 기생이 세상을 떠난 다음 아들 하나를 키우면서 남편 무심을 기다렸던 연화는 제 글이라고 착각했던 글을 썼습니다. 그 아들은 이순신 장군님 서자의 딸과 결혼했습니다. 아무튼, 저는 아직도 '영원의 빙점'이 무슨 의미인지 모릅니다. 혹시 아시는 분이 계시면 알려주시면 진심으로 감사드리겠습니다. 지금도 끝없이 흐르는 마음의 눈물을 표현한 것이라고 생각하고만 있습니다.

저는 울 수 있음도 큰 복임을 알게 된 후 자주 이 문장을 제 마음에 쓰고 있습니다. 어떤 사람은 마음조차 눈물을 흘릴 수 없기에.

마음눈물 즉 피눈물을 흘릴 수 있음도 감사하자

이 글을 곱씹으며 마음에 눈물 흘리며 기도하는 지금 2025년 5월 9일에 쓴 글이 보입니다.

간밤에 몇 시간 노동하고 03시가 되어 간신히 잠들었는데, 오늘 새벽에 꿈에서 이순신 장군께서 호통을 치셨습니다.

"어서 마무리해서 출판하라. 내가 지금도 마음눈물을 흘리고 있는 이유를 널리 알리라."

저는 깜짝 놀라 잠에서 깨어났습니다. 어쩌면 제가 어떤 강박감에 사로잡혀서 혼자 상상한 것이라고 생각했습니다. 그래서 다시 잠들었습니다. 너무 피곤했기에 다시 쉽게 잠들었습니다.

"어서 일어나 빨리 정리해서 책으로 출판해야지, 지금 이렇게 잠자고 있을 때가 아니다. 내가 지금도 이렇게 마음눈물을 흘리고 있는 가장 큰 이유는 바로 너 때문이다. 네가 잠들지 못하고 신음하고 있으니 내가 마음으로 울지 않을 수 있겠느냐. 신인께서도 마음으로 울고 계신다. 네가 마음눈물을 멈추는 날이 오면 나도 마음눈물을 멈출 것이며 신인께서도 마음눈물을 멈출 것이다.

많은 사람이 네게 말하지 않았느냐. '**교수님만은 고흐처럼 되지 않기를 바랍니다.**'라고, 나는 네가 결코 고흐처럼 되지 않을 거라고 확신한다. 그러나 네가 최선을 다하지 않으면 반드시 고흐처럼 될 수밖에 없다. 그러니 어서 정리하고 있는 <이순신눈물>을 완성해서 속히 출판하라. 지금 최선을 다하라. **더 잘 쓰려고 애쓰지 말고 지금까지 쓴 내용 그대로 어서 정리해서 출판하라.**"

저는 일어나야만 했습니다. 일어나 시계를 보니 아침 9시가 넘었습니다. 몸은 천근만근이고 눈은 무거운 바위가 누르는 기분입니다. 저는 꿈 때문에 책상에 앉아 이렇게 글을 정리해야만 합니다. 몸은 천근만근인데 책을 마무리 해야만 하는 것이 얼마나 힘든 일인지 아시는 분들이 있을 것입니다. 꿈 때문에 <이순신눈

물>을 책으로 출판하는 것은 선택이 아니라 사명이 되어 버렸습니다. 사실 제가 지난 3년 동안 좀처럼 꾸지 않던 꿈을 요즈음 이렇게 자주 꾸는 이유를 도저히 모르겠습니다. 어쩌면 명량해전을 앞둔 장군님 심정 때문인지 모르겠습니다. 저는 지금 12척 전함에 해당되는 것도 없습니다. 사실 저는 지금 1척의 전함에 해당되는 것도 없는 실정입니다. 아니, 전함이 아니라 어선 1척에 해당되는 것조차도 없습니다. 열선루에서 장계를 쓰실 때의 이순신 장군님처럼 저 역시 아직도 승리의 방법도 전혀 알지 못합니다. 어서 속히 해결해야만 중요한 문제들이 있고, 그것들을 해결하기 위해서는 10억 정도가 필요 한데, 통장에는 10억은커녕 1천 만 원도 없습니다. 통장에는 책을 출판하기 위해서 빌린 돈만 있을 뿐입니다. 그러니 마음에서는 눈물이 멈추지 않고 흐르고 있습니다. 그런데 장군께서 고흐 화가를 언급하신 이유가 있습니다. 제가 50대가 넘어서 들었던 가장 충격적인 말 중 하나가 이것이었습니다.

"교수님만은 고흐처럼 되지 않기를 바랍니다."

사실 이 소리를 지인들에게 여러 번 들었습니다.

"무엇보다 네가 나의 글에서 발견한 가장 중요한 부분을 세상에 널리 알려라. **出死力拒戰 則猶可爲也** 10개의 글자가 한국을 새로 일어나게 만들고 한민족이 세상을 새롭게 하는 일에 앞장서게 하는 역할을 하게 될 것이다. 너는 죽는 그 순간까지 10개의 글자를 외쳐라.** 네가 신뢰하고 있는 신인께서 10개의 글자를 가슴에 품고 사는 자들에게도 내게 주셨던 **천행**을 반드시 주실 것이다. 그러니 어서 일어나 <이순신눈물>을 완성하고 출판하라. 내가 눈물을 완전히 멈출 때까지 너는 최선을 다하라. 너와 내가 눈물을 멈추는 그때에는 신인께서도 눈물을 멈추실 것이다.

   저는 지금 절체절명(絶體絶命)의 시점에 있습니다. 어쩌면 저는 지금 이순신 장군님께서 열선루에서 장계를 쓰실 때의 심정일지도 모릅니다. 어쩌면 제가 장군처럼 절박한 상황일지도 모릅니다. 사실 저는 지난 몇 년 동안 이순신 장군님과 관련된 여러 장소를 살피면서 **열선루(列仙樓)가 가장 중요한 장소**임을 알았습니다. 열선루가 신흥동산 위에 세워진 것을 보면서 '신흥'(新興)이란 단어와 **열선루(列仙樓)**를 항상 생각하며 살면서 만나는 사람들에게 이렇게 외치고 있습니다. **신흥한국을 창조합시다.** 그리고 1597년 8월 15일 열선루에서 쓴 장계에서 가장 중요한 문장이 **出死力拒戰 則猶可爲也**라고 <대통령 예수님 닮고픈 이재명> 뒤표지에 이렇게 강조했습니다.

소책자로 정리한 후에도
이순신 장군께서 연선루에서 써서 선조에게 보내신
장계(狀啓)에서
필사즉생(必死則生) 근원이 된 부분을 계속 곱씹습니다
今臣戰船 尙有十二 **出死力拒戰 則猶可爲也**
금신전선 상유십이 **출사력거전 즉유가위야**
지금 신에게는 오히려 열두 척의 전선이 있사오니
죽을 힘을 내어 맞아 싸우면 이길 수 있습니다
저는 지금도 여전히 이렇게 생각합니다.
그때 만약 한 척 전선조차 없었다고 해도 장군께서는
이 문장을 외치셨을 거라고 생각합니다.

出死力拒戰 則猶可爲也
저는 이 10개의 글자가 가장 중요하다고 생각합니다.

명량에서 승리하게 된 것은 장군께서 열선루에서 마음에 사생결단을 하신 것을 보셨던 신인이 꿈에 싸울 방법을 말씀하셨기 때문입니다. 사실 난중일기 중에 가장 중요한 문장은 이것입니다.
죽을 힘을 내어 맞아 싸우면 이길 수 있습니다.
 장군께서는 열선루에서 이미 '사생결단'을 하셨습니다. 장군께서 사생결단을 명량해전 하루 전에 하신 것처럼 생각하는 사람들이 매우 많습니다. 그래서 진도 입구에만 세웠습니다. 그러나 **필사즉생(必死則生)**은 열선루에 세워져야만 합니다.

 그런데 제가 강조하고 싶은 것이 또 있습니다. 사실 저는 오랫동안 이 생각을 했습니다. - 만약 그 때 전선 한척도 없을 뿐만 아니라 어선 한 척도 없었다면 어떻게 했을까? 오랫동안 생각해 왔던 저는 결론을 내렸습니다. 제가 내린 결론을 이미 <대통령 예수님 닮고픈 이재명> 안에 다음과 같이 기록했습니다.
 저는 그때 배 한 척이 없었다 해도 장군께서는 절대로 포기하지 않았으며 왕에게 이런 글을 전하셨으리라 생각합니다.
신과 군사들이 아직 살아 있으니, 방법을 구하면 마침내 그 방법을 얻게 되고, 죽을 힘을 내어 맞아 싸우면 이길 수 있습니다.
 장군께서 열선루에서 사생결단하실 때 승리의 방법을 구체적으로 알았던 것도 또 그 방법이 승리를 가져오리라고 확신한 것도 절대로 아니었습니다. 그러나 열선루에서 장군께서는 사생결단하셨고 그것을 아셨던 신인께서 전투가 있기 바로 직전 밤에 꿈에서 크게 이길 수 있는 방법을 구체적으로 말씀해 주셨던 것입니다.

이렇게 하면 크게 이기고 이렇게 하면 지게 된다

명량에서 그냥 승리한 것이 아님을 잊지 맙시다. **큰 승리 비결이 신인의 말씀대로 사는 것임을 잊지 맙시다.** 죽기를 각오한 마음으로 신인의 말씀대로 전투했던 장군에게 신인께서는 **큰 승리**를 선물로 주셨습니다. 죽기를 각오한 마음으로 최선을 다합시다.

45년 동안 저는 목숨까지 주고 싶은 사랑하는 사람들을 최고 부유하게 그리고 최고 행복하게 살도록 돕고 싶어 간절히 기도해 왔습니다. 특히 가난한 사람들을 만나면서 그분들을 경제적으로도 최적으로 돕고 싶어 간절히 기도해 왔습니다. 저는 '교수님은 **다 있는데 돈만 없다.**'란 소리를 너무도 자주 들어왔습니다. 그런데 작년에 神人께서 우리 가문에 수조 이상의 보물을 맡겨 주셨음을 알게 되었습니다. 지금은 그것들을 현금으로 바꿔달라고 간절히 기도하고 있습니다. 특별히 급히 필요한 10억을 지금 주시라고 간구하고 있습니다. 그래서 유명한 경매회사가 제게 있는 보물들을 관심 갖고 보내온 메일을 어제 밤(4월 30일)에 받고 더욱 기도합니다.

<대통령 예수님 닮고픈 이재명>에서 위와 같이 기록했던 저는 지금 생애 가장 힘든 과정을 통과하고 있습니다. 그래서 오늘 5월 9일 아침부터 심야 2시까지 꿈에서 해 주신 이순신 장군님 말씀을

생각하며 보내고 있습니다. 그리고 장군께서 꿈에 말씀하지 않으신 부분을 어떻게 하면 최선일까 생각하며 기도하며 보내고 있습니다. 지금 이 순간에도 이순신 장군님이라면 어떻게 하실 것인지 계속 생각하고 있습니다. '죽을 힘을 내어서 싸운다'는 의미가 무엇일까 곱씹고 있습니다. 사실 지금 저는 호두검과 금강석을 팔 생각까지도 하고 있습니다. 그래서 며칠 전에 이미 이런 편지를 보냈습니다.

귀하의 회사의 번영을 기원하며 편지합니다.
저는 신학대학원 교수로 은퇴한 사람입니다. 그러나 아직도 한 단체에서 목사들에게 멘토링하며 강의를 하고 있기 때문에 교수로 알려져 있습니다.
저는 2012년에 귀사에서 청나라 건륭황제보검 17호가 84억 가량으로 경매됨을 인터넷 뉴스로 보았습니다. 그리고 그 뉴스를 보면서 우리 가문에 있는 건륭황제보검의 가치를 더 정확하게 알게 되었습니다.
우리 가문이 가지고 있는 보검은 운석으로 만들어졌습니다. 그래서 200년 동안 칼날에 아무 것도 칠하지 않았지만 전혀 녹슬지 않았습니다. 머리는 호랑이 형상이고 손잡이에는 여러 가지 정교한 조각들이 있습니다. 검의 집에도 여러 동물이 정교하게 조각되어 있습니다.
우리 가족과 친인척들이 새로운 사업인 다이아몬드 사업을 시작하려고 하는데 자금이 필요해서 보검을 팔 생각을 갖고 있습니다. 우리 가문과 친인척들은 이순신 장군의 보물들로 알려진 운석인 커다란 카보나도 다이아몬드들과 수많은 보석을 갖고 있는데, 이것들을 가지고 거대한 보석 사업을 하고 싶기 때문입니다.
만약에 최고 품질인 카보나도 다이아몬드 1개를 사시겠다면 그것을 팔고 싶습니다. 왜냐하면, 유일한 황제의 보검은 조상 때부터 가보로 내려왔기 때문에 그것을 팔려고 하지만, 우리 마음이 편치는 않습니다.
귀하 회사가 다이아몬드에는 관심이 없고, 귀하의 회사가 적절한 가격으로 오직 황제의 보검만 사시겠다면 기꺼이 팔겠습니다. 우리는 이순신 장군의 보물들을 가지고 새로운 보석 사업을 일으킬 것입니다. 참고로 우리 가문이 황제의 보검을 저희 친인척들과 수많은 친구들 그리고 골동품 전문가들에게 보여주었을 때 '정말 최고의 명검이다'라고 평가했습니다.
   회신을 기다립니다.
   귀하의 회사 번영을 기원하면서
   2025년 4월 29일 밤

   그러자 회신이 왔습니다.
   경매에 팔고 푼 제품들을 사진 찍어 보내주면 진행해 보겠다는 내용입니다. 진행 결정이 대략 3-4주 걸린다고 합니다. 3-4주 후에 경매의 가부를 알려주겠다고 답이 왔습니다.

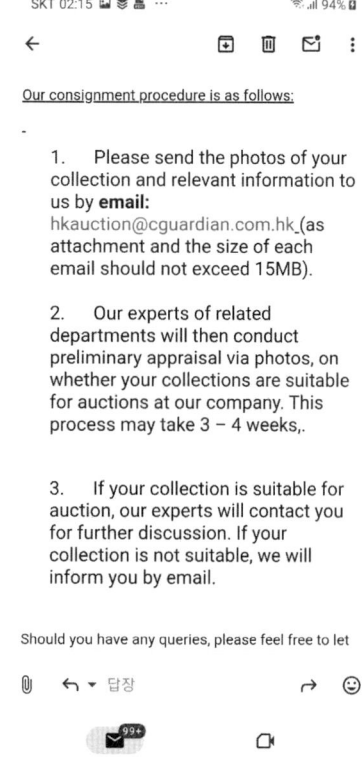

   저는 지금까지 어떻게 메일을 보내면 좋을 것인지 기도하고 있습

니다. 사실 지금까지 메일을 보내지 못한 이유는 <대통령 예수님 닮고픈 이재명>과 <그 청년은 살아낸다>를 출판했기 때문이지만, 특별히 꿈을 꾼 것 때문이었습니다. 아무튼, 책들을 정리하는 시간에도 계속해서 어떻게 메일을 보낼 것인지 생각했습니다.

저는 지금도 이런 생각을 하고 있습니다.
누군가 호두검과 누구에게도 팔 수 없는 가보인 100억 상당의 금강석을 담보하고 10억만 빌려주면 좋겠다고 생각하고 있습니다. 10억만 빌려주면 10년 이내에 100억을 드리겠습니다. 10억 정도는 현재 제가 하려는 모든 것을 할 수 있기 때문입니다. 10억만 빌려주면 100억을 드릴 것이며, 10년이 지나도 100억을 드리지 못하면 담보로 갖고 계신 것을 소유하셔도 좋습니다. 제가 이런 제안을 이 책에 기록한 이유는 제가 지금 급히 10억이 필요하기 때문입니다. 지금 신인께 기도하면서 이 글을 쓰고 있습니다.

지금 제 사정을 기록한 위의 내용은 소설이 아닙니다. 제게는 환산 불가능한 가치가 있는 운석 금강석들도 있습니다. 지금 제 사정을 여기서 기록한 것은 사실상 꿈에서 이순신 장군님께서 명령하셨기 때문입니다. 새벽꿈에서 장군님께서는 이렇게 명령하셨습니다.

"나와 관련된 호두검과 중요한 금강석을 팔 생각을 하고 있는 것을 사람들에게 알려라. 네가 급히 10억이 필요한 것을 주위 사람들은 다 알고 있지만, 다른 사람들은 전혀 알지 못한다. 만약 호두검과 중요한 금강석이 다른 나라로 팔려갔을 경우, 그 사실을 나중에 알게 된 사람들 중에는 매우 애석하게 생각할 사람들이 있을 것이다. 만약 그 사람들 중에 돈이 있어서 네게 10억을 빌려줄 수 있었던 사람이 있다면 너는 잘못한 것이다. 그러므로 너의 사정을 많은 사람들에게 알리기 바란다. 내가 네가 <이순신눈물>을 속히 출판하라고 명령한 가장 큰 이유가 바로 이 사실을 알리기 위함이다.

나는 호두검과 중요한 금강석 중 어느 것도 외국으로 가는 것을 원치 않는다. 그것들은 모두 나만 아니라 너의 조상들의 얼이 새겨진 것이다. 특히 호두검은 중국의 황제 보검이 아니라 너의 조상들의 것이기에 외국으로 팔리지 않길 바란다. 호두검과 중요한 금강석에는 나의 얼만 아니라 너의 모든 조상의 얼도 새겨져 있음을 잊지 마라. 그것들 모두에는 신인에게 기도했던 우리들의 마음이 우리들의 기도문이 새겨져 있느니라."

장군께서 새벽꿈에 이렇게 말씀하셔서 순종하기 위해서 제 사정을 기록합니다. 제게 있는 금강석 전체를 전담 판매하겠다고 계약하신 장 회장님께서는 사업진행을 위해 지금도 최선을 다해 노력하십니다. 그러나 제 입장에서는 급히 10억이 필요한데, 그분에게 사정을 말할 수도 없습니다. 말하면 난처해하실 수도 있으니까요. 정말 저는 지금 제 힘으로는 해결 할 수 없는 시간을 지나고 있습니다. 어쩌면 생애 가장 힘든 과정을 통과하고 있는지도 모릅니다.

세상에 쉬운 일은 없다는 말이 맞습니다. 지금 누군가 제 일생에 가장 힘들었던 일이 무엇인지 묻는다면 이렇게 대답할 것입니다.
"이순신 보물 중 호두검을 보관하는 것이 가장 힘들었습니다."
2011년 호두검을 발견한 다음 그때는 호두검이 보검인줄 모르고 집에 있는 책장 틈 사이에 그냥 넣어두었습니다. 그런데 2012년 인터넷에서 84억 원에 경매되었던 보검을 본 다음 호두검이 청나라 황제의 보검임을 알게 되었습니다. 건륭황제가 90자루를 만들었는데 17호가 84억에 경매되었다는 뉴스를 본 다음 소중하게 보관해야만 했습니다. 제가 <이순신보물> 책 p.74에 당시의 경매 뉴스를 소개했지만, 책을 읽었다는 사람들 중에서도 보검 경매가격이 84억이라는 점을 말하면 진짜냐고 묻는 사람들이 있어서, 소개한 내용의 활자가 너무 작아서 읽지 못했을지도 모르겠다는 생각을 했습니다.

그래서 https://www.metroseoul.co.kr/article/2012103100037 있는 내용을 크게 확대해서 소개하는 것이 좋겠다는 생각이 들었습니다.

중국 청나라 건륭보검 84억 낙찰
메트로신문 조선미 기자 ㅣ2012-10-31 14:26:04

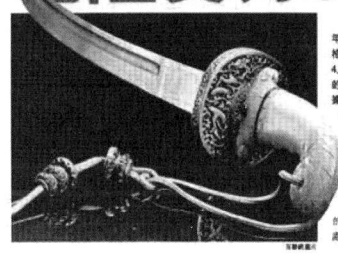

중국 청나라 건륭제(1736~1795년) 시절 제작된 보검이 29일 '차이나 가디언' 가을경매에서 4830만 위안(약 84억원)에 낙찰됐다.

중국 국가1급 문물로 지정돼 있는 이 보검은 -중략- S자형으로 가늘고 길며 칼날 끝이 약간 솟아있다. 손잡이 부분은 백옥으로 조각돼 있고 위쪽에는 몽고족 문양이 있다. -중략-

한편 건륭제는 이 같은 종류의 도검 제작에 직접 관여해 47년간 90자루의 요도를 제작한 것으로 알려져 있다. 장중하고 화려한 보검은 황제의 절대적인 권위를 상징한다. 현재 대부분의 건륭 보검은 베이징 고궁박물관에 전시돼 있다.   /정리=조선미 기자

마지막 문장을 주목하시기 바랍니다.

- **현재 대부분의 건륭 보검은 베이징 고궁박물관에 전시돼 있다.**

이 문장은 **몇 자루의 건륭 보검은 베이징 고궁박물관에 전시돼 있지 않다**는 의미도 됩니다. 그런데 모든 보검 중에서 가장 귀중한 보검은 제 가문에 있는 것입니다. 제 가문에 있는 보검은 운석으로 되

어 있기 때문만 아니라 이 보검은 우리 조상의 얼이 새겨져 있기 때문입니다. 호두검이 운석이라는 점도 중요하지만 더 중요한 점은 이 검이 조상의 얼과 마음 그리고 기도한 내용이 새겨져 있다는 점입니다.

운석으로 만든 검은 그 자체만으로도 가치가 큽니다. 저는 아직 고궁박물관에 가보지 못해서 그곳에 운석으로 된 보검이 있는지는 모르겠습니다. 인터넷을 보면 운석으로 된 보검이 몇 개 있습니다. https://www.newstof.com/news/articleView.html?idxno=1822 에 보면 몇 개의 운석 검이 소개됩니다. 그러나 우리 가문에 있는 보검만큼 좋게 보이지는 않습니다. 이미 <이순신보물>에서 말씀드렸지만, 저와 신인의 가족으로 살고 있는 20명 이상은 호두검을 보았습니다. 그리고 인터넷의 검들과 비교하면서 모두 호두검이 최고 명검이라고 외쳤습니다. 호두검이 운석이라는 점도 가치가 높지만 더 가치 있는 것은 호두검은 조상의 얼이 새겨져 있다는 점입니다.

호두검은 천혜 장군에 손에 의해서 중국으로 옮겨 갔고, 나중에 건륭 황제에 의해서 황제의 보검으로 바꿔졌고, 나중에 황제가 기생의 사위 무심의 후손에게 진짜 왕처럼 살아야 한다고 준 것입니다. 즉 황제가 보검을 갖고 있는 자는 왕처럼 살라고 준 선물입니다. 호두검에 기록된 한자에 그런 깊고 신비한 뜻이 있습니다. 나중에 기회가 되면 다른 여러 가지와 함께 자세히 이야기해 드리겠습니다.

천혜 장군과 기생의 사위 무심(無心)은 청나라에 볼모로 잡혀갔던 소현 세자를 보필했었는데, 소현 세자가 죽은 다음 두 사람은 청나라로 도망을 가야만 했고 청나라와 명나라가 마지막 전투할 때 두 사람 모두 청나라 장수로 전투에 참여하다 죽었습니다. 그런데 훗날 청나라에서 누군가 호두검을 갖고 우리 고향으로 찾아와 무심의 후손에게 주었던 것입니다. 무심의 후손 중 한 처녀가 우리 조상 중 한 총각과 결혼했습니다. 우리 조상은 왕이 되려는 싸움을 피해서 6

대 할아버지가 아들 손잡고 야밤에 도망하여 우리 마을까지 내려오셔서 지금은 쓰러져 없어진 초가집에서 사셨습니다. 그 옆에 지금은 제가 살고 있는 황토 굴이 있던 곳에 기와집을 새로 짓고 무심의 후손들이 살고 있었던 것입니다. 우리 조상 중 한 청년이 무심의 후손과 결혼식을 해서 우리 가문이 이어졌던 것입니다.

제가 중학교 1학년 때 우리 가문에서는 알려진 적 없는 이런 내용을 소설 <이순신 보물>에서 보았습니다. 아무튼, 2012년 이후 10년 동안 호두검을 보관하기 위해서 얼마나 힘들었는지 모릅니다. 제가 어떻게 보관했는지 작년에 큰아들에게 보검의 사진을 보여주면서 나눴던 대화를 생각하니 제 마음에 눈물이 흘러내립니다.

지금도 간절히 기도하고 있습니다. 조상들 얼과 마음이 스며있는 호두검과 소중한 금강석만은 외국의 경매장으로 가지 않기를. 조금 전까지 **出死力拒戰 則猶可爲也**를 곱씹으며 간절히 기도해 왔습니다. 그런데 조금 전 10자 중 3자를 수정한 다음 기도하면 좋겠다는 생각이 들었습니다. 그래서 조금 전부터 새 문장을 곱씹으며 간절히 기도하고 있습니다.

出死力善行 則猶必爲也
출사력선행 즉유필위야
죽을 힘을 다해 선을 행하면 반드시 이루어집니다
결국 이런 의미입니다.
최선을 다하면 반드시 이루진다

이렇게 정리하고 인쇄소에 넘길 마음을 갖고 여전히 간절히 기도하는 지금, 꿈에서 들었던 장군님 음성이 들리는 것 같습니다.

마음눈물로 쓴 편지처럼 마음눈물로 쓴 책 또한
신인께서 살펴보시고 반드시 응답하실 것이다.
마음눈물이 피눈물임을 신인께서 젤 잘 아시니까.

이순신 눈물

초판 1쇄 발행　　2025년 5월 18일

지은이　　　　이순태

펴낸이　　　　이순태
펴낸곳　　　　뷰티풀월드
주　소　　　　전남 보성군 벌교읍 원지동길 189-14
문　의　　　　okvision7777@gmail.com(출판사)
　　　　　　　saintspaullee@gmail.com(저자)
전　화　　　　010 9437 7883
디자인
　　　　사진　S. 폴리 그 외 인터넷(출처 기록함)
ISBN　　　　979-11-992327-3-0

＊ 책값은 뒤표지에 표시되어 있습니다.
＊ 이 책의 내용 전부 또는 일부를 무단사용을 금지합니다.
사용하시려면 반드시 저자의 동의를 받아야만 합니다.
저자의 동의 없이 사용할 경우 법적 책임이 따르게 됩니다.